失敗しない読書術

名もなき読書家 著
namonakidokushoka

2545

はじめに

なぜ同じ本を読んでも、欲しい情報を「とれる人」と「とれない人」がいるのか？

あなたは今までに、次のような経験をしたことはありませんか？

・本を読んでも、まったく内容を覚えていない。
・家の本棚にある本を見ても、どんなことが書いてあったのか思い出せない。

・読んでいる途中で、以前にも読んだことがある本だと気づいた。
・「最近読んだ本」や「オススメの本」を聞かれても、何も思い浮かばない。

これらは、本書を手に取っていただいている方なら、きっと一度は経験しているであろう、「読書あるある」ではないでしょうか。何かと忙しい日々の中で、貴重な時間を費やして読書をしたのに、まったく情報がとれない。実にもったいない話です。

なぜ、このようなことが起こってしまうのでしょうか。

「理解力が足りないから」「記憶力が悪いから」というのは、正解ではありません。

本を読んでも情報がとれないのは、ズバリ、**「読む前にキーワードを設定していないから」**。

普段、何か調べたいことがあるときは、Googleで検索しますよね。いわゆる「ググる」という行為ですが、これは検索ボックスにキーワードを入力することで、欲しい情報をとっているわけです。キーワードを入れなければ、当然、何の情報も表示されません。

Googleの画面を開いた瞬間に、何を検索しようとしたのかを忘れてしまった……。たまにこういうことってありませんか？

よくやらかしてしまう私は、いつも「自分はいったい何が知りたかったんだろう……」と気になってモヤモヤするのですが、キーワードがわからないことにはその先の情報に辿り着けない。

つまり、現代においては、**「情報をとること」と「キーワードを入力すること」は常にセットになっている**のです。

これを読書に当てはめて考えると、本を読む前に「キーワード」を設定して、それを「検索するような感覚」で本文を読めば、欲しい情報がとれると思いませんか？

設定されたキーワードから記事を漏れなく探し出す世界

まあ言いたいことは何となくわかるけど、「なぜそこまでキーワードにこだわっているのか」と、疑問に思われているかもしれません。その理由を説明するために、ちょっとここで自己紹介をさせてください。

私は「クリッピング」という仕事をしている40代の会社員です。**クリッピングとは、「新聞・雑誌の中から必要な記事を探し出すこと」**を言います。

たとえば、あなたが2023年3月に開催されたワールド・ベースボール・クラシック（WBC）を見て、大谷翔平選手の大ファンになったとします。投げて良し、打って良し、ルックス良し。圧倒的な実力と、どんなときも楽しそうにプレーする姿に魅了されて、メジャーリーグでの今後の動向を逐一チェックしよう！　と決めました。

でも毎朝、新聞を読んで記事を探したり、切り抜いたりするのは時間と手間がかか

ります よね。二刀流で、ほぼ毎日のように試合に出るため、露出もかなり多いです。

そんなとき、自分は何もしなくても、自宅に大谷選手の記事が送られてくるようなサービスがあったら、便利だと思いませんか？

「大谷が圧巻の奪三振ショー！　ファンも絶賛、鳥肌が止まらない！」
「大谷が飛距離150メートルの特大ホームラン！　なんてスイングだ！」
「大谷が爽やかな私服で球場入り！　ベストジーニスト賞くるぞ！」
「大谷が睡眠の大切さを語る！　質はその次、まずは量を確保！」

など、世の中で発行されている新聞・雑誌に掲載された大谷選手の記事をすべて集めて、あなたの元に届ける。これが「クリッピング」という仕事です。なんとなくイメージできるでしょうか？

その人に似合う〝服装〟を選ぶのがパーソナルスタイリストなら、その人が必要としている〝記事〟を選ぶのがクリッピング。「情報収集の手間を肩代わりする作業」と言い換えるとわかりやすいかもしれません。私はこの仕事を17年間続けてきた、〝プロの調査員〟（＝クリッピング業務をしている人のこと）です。

調査員の一日をひと言で表現すると、「ひたすら新聞と雑誌を読む」だけ。毎日、朝から晩まで活字の海に溺《おぼ》れそうになりながら、依頼された記事を一生懸命探します。仕事の相手は、〝人間〟ではなく〝活字〟。石原さとみさん主演の「地味にスゴイ！校閲ガール・河野悦子」というドラマがありましたが、あの校閲部のオフィスの雰囲気（地味で、とても静か）と少し似ているような気がします。

これまでに私がクライアントに提供してきた記事は、合計で25万記事以上。その対価として、給料をもらってきました。私にとって、情報をとることは生活の手段。とれたらいいな（want to）ではなく、絶対にとらなければならない（have to）ものなんです。

キーワードがそこにあるから、人は頑張って探し、情報がとれる

クリッピング会社は、クライアントが欲しい情報に含まれる「キーワード」で注文を受けます。

①どのような記事を集めたいのかを聞いて、②適切なキーワードを設定し、③調査員はそのキーワードが入っている記事を探します。

「そこにキーワードがある」から人は頑張って見つけようとするし、「そこにキーワードがある」から情報がとれるわけです。

私たちは、目が見えるからといって、すべてのものが視界に入っているわけではありません。

たとえば、あなたの家の一番近くにある①歯医者、②郵便ポスト、③公衆電話。

これらがどこにあるか、すぐに答えられますか？

しょっちゅう目の前を通って、実際には見えているはずなのに、関心がないときは見えないでしょう。歯が痛いときに「歯医者」。年賀状のシーズンが到来したときに「郵便ポスト」。スマホが壊れたときに「公衆電話」。

これらのキーワードが頭に設定されて、意識して見るようになって初めて、「こんなところにあったんだ」と気づくんですよね。

これは、脳科学の世界では、「脳の焦点化」と呼ばれるそうです。

この「脳の焦点化」の原理を読書に当てはめると、なぜ今まで情報がとれなかったか、おわかりいただけると思います。

目の前の本にはきっと欲しい情報が載っていたのに、そしてその部分は確実に読んだ（見た）はずなのに、あなたにはそのフレーズが見えなかった。なぜなら、頭の中に「キーワードが設定されていなかった」からです。

人は、自分が見ると決めたものしか見えない――。

だから、本を読む前には必ず何を見るか、「キーワード」を決めておかなくてはなりません。**キーワードを制する者は読書を制する。**タワーレコード風に言えば、「NO KEYWORD, NO READING」です。

欲しい情報を手に入れ、忘れない「失敗しない読書術」大公開

キーワードを設定するか否かで、得られる情報量ががぜん変わってくることはおわかりいただけたと思います。

ただ、キーワードを設定するにも、そのキーワードから欲しい情報をしっかり拾い上げるにも、いくつかの重要なポイントやコツが存在します。

本書では、私が17年に及ぶクリッピング業務で培ってきた〝キーワード〟を駆使した「失敗しない読書術」（＝欲しい情報を漏らさない本の読み方）のノウハウを余すところなくお伝えしていきます。

まず第1章では、なぜ今までは「欲しい情報」がとれなかったのか、その3つの原因を詳しく解説します。

第2章では、「読む前に知っておくべきこと」として、〝自分のキーワード〟の見つけ方や、〝センスの良いキーワード〟とはどういうものかを説明します。自分を知ることや、自分の好きなことを深めるためにも、お役に立てる内容になっています。

第3章では、「失敗しない本選びの方法」として、自分の欲しい情報が載っている本の選び方を説明します。SNS全盛の令和の時代に合ったレビューの見方や、選書のセンスを磨くためのヒントもお伝えします。

第4章では、「どんな本を読んでも失敗にしない技術」として、読書中に設定したキーワードが出てこなかった場合や、キーワードを著者に否定された場合はどうすればいいのか、具体例を交えながら対処法を説明します。

第5章では、「読書でさらに情報を吸収する」ために、キーワードと並行して頭の中に設定しておいたほうがいい「テーマ」を5つ紹介します。キーワードとテーマ、2種類のアンテナを縦横無尽に張り巡らせることで、より多くの情報がとれるようになります。

最後の第6章では、アウトプットの場として、Instagramで読書記録をつけることのメリット、テキストの書き方、ハッシュタグの付け方、多くの人に見てもらうための上級テクニックなどを解説します。

私自身、Instagramで「読書記録専用アカウント」(@no_name_booklover)を運用しています。投稿頻度が高いので注目されたのか、おかげさまで今では数多くの出版社の公式アカウントからもフォローしていただけるようになりました。ここでフォロワーとのやりとりを通じて学んだことや、投稿した本の著者や出版社(版元)からどんなリアクションがあったかなど、体験談を余すところなくお伝えします。

同じ本を読んでも、欲しい情報を〝とれる人〟と〝とれない人〟がいます。繰り返しになりますが、両者のたった1つの違い、それは**「読む前にキーワードを設定しているかどうか」**。

読書は1ページ目から横一線でスタートするのではなく、実は読む前に大きな差がついているんです。

本には金言がたくさん詰まっているのに、「事前準備」が足りないがために、それを掴み取れないのはあまりにももったいない！

本書を読めば、あなたも〝情報がとれない人〟から〝とれる人〟に、つまり「失敗しない読書ができる人」に劇的な変化を遂げられるはずです。

第4章 どんな本を読んでも失敗にしない技術

第5章 読書でさらに欲しい情報を吸収する秘策

第6章 読書記録を残して、資産にする——Instagram読書記録のすすめ

装幀◎河南祐介（FANTAGRAPH）
本文デザイン◎二神さやか
DTP◎株式会社キャップス

第1章

なぜ、今まで「欲しい情報」がとれなかったのか？

「クリッピング」と「キーワード」

「はじめに」でも触れましたが、私が17年間従事している「クリッピング」という仕事について、もう少し詳しく説明させてください。

クリッピングとは、新聞・雑誌の中から必要な記事を探し出すこと。そして、クリッピング会社はクライアントが欲しい情報に含まれる「キーワード」で注文を受けます。

現在、依頼されているキーワードは、なんと1500個……!

「はじめに」の事例に出した「大谷翔平」のようなキーワードが、1500個あるということですね。しかもその内容は、ビジネス・医療・食品・化粧品・スポーツ・音楽など、多岐にわたります。

たとえば、渋谷のスクランブル交差点を歩いているときに、あなたはすれ違う人の「メガネ」「帽子」「コート」「靴」「カバン」、いくつまでなら同時にチェックできるでしょうか？「メガネ以外は無理」という人もいれば、「5つぐらいなら全部いける」というツワモノもいるかもしれません。

あなた

・見るもの↓スクランブル交差点ですれ違う人
・頭に入れるキーワード↓メガネ、帽子、コート、靴、カバン
・同時にチェックできる数が多いほどすばらしい

プロの調査員

・見るもの↓新聞と雑誌
・頭に入れるキーワード↓クライアントから依頼された1500個
・すべてを同時にチェックしなければならない

クリッピング業務において、プロの調査員に与えられているミッションは、依頼された1500個のキーワードが掲載されている記事を、「目視」ですべて漏らすことなく見つけること。

「そんなの本当にできるの？」と思うでしょう。できないんです、誰でも最初は！

そもそも、「調査員＝特殊能力の持ち主」というわけではありません。東京大学やハーバード大学など、いわゆる超名門大学を卒業した人は1人もいませんし、「人とかかわらない仕事がしたかった」というちょっぴり消極的な志望動機の人や、入社した時点では業務内容をよくわかっていない人も多いです。

そんなごく普通のスペックの新人に、「今からこれを読んでクリッピングをしてみて」と言って新聞を読ませるとどうなるか？

まあ見事なまでに、見落としてしまうんですね。情報をとるのが仕事なのに、まったく情報がとれない。これでは使い物になりません。

情報を「とれる人」と「とれない人」は、何が違うのか？

同じ新聞を読んで、「大谷翔平」の記事を目ざとく見つけるベテラン調査員と、見つけられない新人。いったい何が違うのか、ちょっと脳内を覗《のぞ》いてみましょう。

新人

特に何も考えず、漫然と読んでいるので、大谷翔平の記事に気づかない。
（＝あてもなく、ブラブラ散歩をしている）

ベテラン

最初から「絶対に大谷翔平の記事を見つけるぞ！」という強い意識を持って読んでいるので、キーワードが目に飛び込んでくる。

（＝目的地に向かって、意志のある足取りで歩いている）

つまり、ベテラン調査員は、**①読む前にキーワードを頭に入れて、②そのキーワードを狙って読んでいる**のです。

先に決めて読むから、目当ての記事がアンテナに吸い寄せられてくる。そして、アンテナの感度もすごく高い。携帯電話の電波の受信状況がいいと、アンテナのマークが3本立ちますが、「大谷翔平」というキーワードに対して「バリ3」（＝バリバリに3本立っていること）になっているようなイメージです。

一方の新人は、電波が1本……ではなく、アンテナそのものが立っていない。1500個のキーワードを1日や2日ですべて覚えるのは無理な話なので、これは仕方がありません。誰もが「圏外」からスタートして、研修期間に何度も記事の見落としを指摘され、悔しい思いをしているうちに、電波が1本、2本と立つようになる。だんだん見つけられるキーワードが増える。

このようにして、人は情報がとれるようになっていくのです。

時には、アンテナの感度が高くなりすぎて、「大分」「大台」「大会」……これらの漢字がすべて「大谷」に見えてしまったり、「住宅街でオオサンショウウオを保護」という記事を「オオタニショウヘイサンを保護」と空目してしまうことも……。

でも、これくらいアンテナが強化されると、そのキーワードが入っている記事は見落とさなくなります。

1500個すべてのキーワードに対して、アンテナが「バリ3」になる。多少の個人差はあれど、入社して3カ月も経てば、だいたいみんなこのレベルに到達します。

実際、プロの調査員の見落とし率は0・01%以下。「ほぼ見落とすことはない」と言っていいでしょう。人間は、最初はとてもできないように思えることも、3カ月必死に訓練すればできるようになります。要は「慣れ」なんです。

クリッピングは特別な技術ではなくて、誰もができること。もちろん、あなたにもできることは言うまでもありません。

「キーワード」を意識して、欲しい情報をキャッチする練習

「キーワード」を強く意識すると、欲しい情報がキャッチできることを実感してもらうために、ここで1つ、「架空の事例」を挙げてみます。

私の名前は「村上悠子」なのですが、作家の「村上春樹」さんと対談をして、そのやりとりの様子を『村上座談会』という一冊の本にして出版することになった、とします。文字起こしをするときは、名字が同じなので、コメントの前には「春樹」「悠子」と下の名前が書かれることになるでしょう（※以下の内容はすべてフィクションです）。

悠子「今日はお会いできて本当にうれしいです」
春樹「こちらこそ、どうぞよろしく！」

もし、村上春樹さんのファン（以下、ハルキスト）がこの本を買ったとしたら、その目的は「春樹」のコメントが読みたいからですよね。これが「欲しい情報」です。そして「悠子」にはまったく興味がない。すると、感覚的にはこのように見えるのではないでしょうか？

悠子「今日はお会いできて本当にうれしいです」
春樹「こちらこそ、どうぞよろしく！」

実際には同じ濃度の印字なのに、「春樹」のコメントだけが太字で強調されているように見える。なぜこうなるのかと言うと、頭の中に「村上春樹」というキーワードが設定されているから。無意識のうちに「春樹」というキーワードを探しながら文字を追っているんです。だから、どうでもいい「悠子」のコメントは埋没してしまっても、「春樹」のコメントはちゃんと見つけられるんですね。

さて、この対談に、途中から作家の「村上龍」さんも参加することになりました。

龍「こんにちは。村上龍です」

春樹「龍さん、久しぶりだね」

悠子「はじめまして。カンブリア宮殿、毎週観ています」（※カンブリア宮殿＝村上龍さんが司会を務めているテレビ東京の経済番組）

龍「ありがとう、うれしいよ」

春樹「僕もいつも観てるよ」

龍「本当に？」

春樹「うん。小池栄子さんとの掛け合いがなかなかいいじゃない」

このような感じで鼎談《ていだん》が進められていき、「3人の村上」の会話が入り乱れた状態になったとしても、ハルキストなら「春樹」のコメントだけをピックアップして、どんどん読み進めていくでしょう。

さらに、ここでスペシャルゲストとして、2022年にプロ野球のセ・リーグ三冠王に輝いた、ヤクルトスワローズの村上宗隆選手も加わることになりました。

宗隆「皆さん、こんにちは」

春樹「おっ、よく来たね！　僕はヤクルトファンなんだよ。3人しかいないヤクルトの『ファンクラブ名誉会員』の第2号だから！」

宗隆「知ってますよ！　よく神宮の外野席で観戦されていると聞きました」

春樹「うん。応援席の〝村上コール〟がすごくて、いつも自分が呼ばれてるような気がしてビクッとしちゃう」

悠子「私、村上選手の背番号55のユニフォーム買いましたよ！　同じ名字だから、これは絶対買わなきゃいけないと思って」

龍「名字が同じだと、応援したくなるよね。〝村神様〟が流行語大賞を獲ったときもうれしかったもん」

村上が全部で4人になり、ハルキストにとってはどうでもいい情報が増えましたが、やるべきことは変わりません。「春樹」というキーワードをひたすら拾い読みしていくだけ。

その結果、春樹さんのパーソナルデータとして、「観ている番組＝カンブリア宮殿」「好きなプロ野球チーム＝ヤクルト」「よく行く場所＝神宮球場」というのが頭に残る。

これが**「本から欲しい情報をとる」「自分から狙って情報をとりにいく」**というこ

とです。

そして、「これから毎週、カンブリア宮殿を観よう」「今度、ヤクルトの試合を観戦しに神宮球場に行ってみよう」「ついでに、ヤクルト1000も飲んでみようかな」などと、本から刺激を受けて、生活習慣や行動パターンがどんどん変わっていく。こういう循環がつくれると、読書は本当に有意義で楽しいものになります。

欲しい情報がとれるようになったたった1つの理由

一方で、小説にも野球にも全然興味がない人が、ものすごく混雑している病院に行ったときに、待合室の本棚に置いてあった『村上座談会』を、たまたま手に取って読んだとします。そして、読了後に「村上春樹さんの観ている番組は？」と聞くと、「そんなの書いてあったかなぁ……」「では好きなプロ野球チームは？」「さあ、わからない……」「よく行く場所は？」「知らない……」となる。

登場人物に馴染《なじ》みがなく、頭の中にキーワードが設定されていない状態で読み始めてしまったために、何もアンテナに引っかからない。だから、せっかく読んだのに内容を全然覚えていないんですね。

これが**「漫然と本を読んでいる」「読んだだけで満足してしまう」**ということです。

ひょっとして、あなたにも身に覚えがあるかもしれません。

……と、偉そうに言っている私も、かつてはまったく情報がとれませんでした。

・本を読んでも、まったく内容を覚えていない。
・家の本棚にある本を見ても、どんなことが書いてあったのか思い出せない。
・読んでいる途中で、以前にも読んだことがある本だと気づいた。
・「最近読んだ本」や「オススメの本」を聞かれても、何も思い浮かばない。

「はじめに」の冒頭にこう書きましたが、調査員になる前の私は、残念なことにこの4つすべてに当てはまっていました。

その証拠として、学生時代に読んだ本のことはほとんど覚えていません。授業で必要だと言われて、近所の書店で「何かの本」を買ったり、レポートを書くときの参考文献として、学校の図書館で「何かの本」を借りたりしたような記憶はあるのですが、肝心のタイトルや内容は、悲しいぐらい何も頭に残っていない。

それが社会人になって読んだ４８００冊からは、自分のテーマに合った情報や、心の琴線に触れたフレーズをどんどんとれるようになりました。それらをすべてデータに残しているのですが、抜き書きした文章の数は、合計で４万を超えています。

「情報がとれない人」から「とれる人」へ――。

変化した理由は、日々の仕事を通じて、「先にキーワードを頭に入れて読むと、欲しい情報をキャッチできる」ということが、だんだん体感でわかってきたからです。

いつも仕事中に読んでいるのは新聞と雑誌ですが、書籍も「活字を読む」ということで言えば同じ。

だから、クリッピングをするような感覚で、自分が知りたいことを頭の中でキーワードに設定して、それを探しながら本を読むようになったのだと思います。

よく役者さんが「プライベートでも役を引きずる」と言いますが、調査員の性《さが》がプライベートの読書にまで浸食してしまったことが、功を奏する結果となりました。

「ビジネス書」と「小説」は読み方が違う

最近は、「速読」や「多読」をテーマにした読書術の本がたくさん出版されています。もちろん、1冊の本を速く読めるに越したことはないですし、本が好きだからいっぱい読みたいという気持ちもよくわかります。

でも、**ビジネス書や実用書は、自分の「良くないところ」や「うまくできないとこ**

ろ」を変えたいと思って読むものです。ざっくり言うと、「AからBに変化したい」と思って読むものなんですよね。だから、どれだけ速く読み終えたり、たくさん本を読んだとしても、自分がずっと「A」のままだったら意味がありません。

たとえば、ダイエットの本を1冊30分で読んだとしても、痩《や》せなかったら意味がないですし、睡眠の本を10冊読んでも、ずっと眠れないままだったら何の意味もありません。

一方、小説は、そのストーリー展開に一喜一憂したり、キャラクターに感情移入したりしながら、純粋に楽しんで読むものです。

小説の目的は「文章を追うこと」（＝消費）**ですが、ビジネス書の目的は「知識を得ること」**（＝投資）。ビジネス書は読むのに多少時間がかかったとしても、自分に変化をもたらしてくれるような情報をとること、そして結果的に「A」から「B」になることが何よりも大事になります。

ダイエットの本や睡眠の本を読む前（Before）が「ブヨブヨのお腹」と「夜中でも

ギラギラした目」だったら、読んだあと（After）は「引き締まったお腹」と「22時過ぎたらトロンとする目」にならないといけませんよね。あなたも本書を読み終えた暁には、情報が「とれない人」から「とれる人」へ、華麗な変身を遂げなければなりません。

では、速読よりも多読よりも、何よりも大切な「欲しい情報をとる」ことが、なぜ今まではできなかったのでしょうか。

原因は大きく3つあります。それぞれ詳しく解説します。

自分の体調やコンディションが整っていない——欲しい情報がとれない原因①

「本を読む」という行為は、実はすごくパワーがいることです。ビジネス書だったら著者の価値観を、小説だったらその作品の世界観を、頭の中にインストールしないといけません。これは決して簡単なことではなく、脳のエネルギーをたくさん使います。

今の自分と地続きで読める本なら、まだちょっとはラクかもしれません。すでによく知っている分野だったり、同業者が書いたビジネス書だったりすると、すんなり読めるでしょう。小説でも、銀行員の人が池井戸潤さんの「半沢直樹シリーズ」を読んだり、ホテルで働いている人が東野圭吾さんの「マスカレードシリーズ」を読むと、自分の実体験と重なったりして、スラスラ読めるかもしれません。

でも、文系の人が理系の本を読んだり、あまり馴染みのない業界の話だったりすると、まずその本の世界に飛び込むのにパワーがいります。自分が元気なときはスッと入れますが、疲れているとそこをジャンプするパワーが残っていない。無理やり自分を奮い立たせてページをめくったところで、内容が頭に入らないのは当然ですね。

また、自分の中で「そういえば、あれはどうなったんだろう……」というような、何か懸念事項があるときは、読書をしていても、途中で気がかりなことのほうに気持ちを持っていかれてしまいがちです。その結果、どこまで読んだかわからなくなったり、何度も同じ行を読んだりして、全然進まなかったりします。

つまり、自分の中に

「読書と向き合うエネルギーが残っている」

「懸念事項がなくて、精神的に安定している」

ことが、失敗しない読書、本から欲しい情報をとるための〝前提条件〟になります。

何よりもまずはこの2点、自分の心身をしっかりと整えてください。

これは逆に言うと、本が楽しく読めて、内容が自然に頭に入ってくるときは、「自分の体調やコンディションが良いことの証」でもあります。だから、本当にすばらしいことなんです、本が読めるというのは！

本書を手にしてくださっている方は、きっと読書が好きな人が多いと思いますので、「本が読めるかどうか」を健康のバロメーターとして考えてみてはいかがでしょうか。活字を追うことが辛く感じる日は、読書を強行しても失敗（＝情報がとれない）に終わる可能性が高いです。無理をせずに早めに寝て、疲労回復を優先してください。

情報過多の時代は、刺激が多すぎて読書に集中できない——欲しい情報がとれない原因②

先ほどの『村上座談会』の中で、「カンブリア宮殿」という番組名が出てきました。毎週見ている人は、「ああ、あれね」と引っかかることなく、そのまま読み続けられると思うのですが、初めて知った人が「これはいったいどんな番組なんだろう?」(＝邪念①)と興味を持って、目の前にスマホがあったとしたら……。きっと、読書をいったん中断して、Googleで「カンブリア宮殿」と検索するでしょう。

そこで、「経済人を招いたトーク番組なんだな」と大雑把な知識を仕入れるぐらいで終わればいいのですが、試しに番組のホームページを見ると「バックナンバー一覧」というコンテンツがあり、2006年以降の全出演者のデータが載っていました。すると、「今までにどんな人が出演したんだろう?」(＝邪念②)と気になって、またそこをクリックして見てしまう。

「なるほど、こういう人が出ているんだな」と把握できたところでさすがに終わるかと思いきや、今度は「そういえば、司会の小池栄子さんって今何歳になったんだろう?」(=邪念③)、「確かプロレスラーと結婚したんだったかな?」(=邪念④)と、新たな疑問が浮かんできました。そして、また「小池栄子」と検索をする……。

このように、心の赴くままに脱線に次ぐ脱線を繰り返した結果、最初は『村上座談会』という本を読んでいたはずが、気づいたときには「Wikipediaで小池栄子のプロフィールを調べていた!」という事態になるのです。「こんなことをしている場合ではなかった」と慌てて読書に戻ろうとするも、頭の中は「カンブリア宮殿」と「小池栄子」でいっぱい。そして、こう思うわけです。「自分はいったい何の本を読んでいたんだっけ?」と。

また、『村上座談会』では、春樹さんの「僕はヤクルトファンなんだよ。3人しかいないヤクルトの『ファンクラブ名誉会員』の第2号だから!」というコメントがあったと思います。この部分を読んだあなたは、「あの村上春樹が第2号なら、第1号はいったい誰なんだ？　3人しかいないって、あとの2人は誰なんだ？」（＝邪念⑤）と思いませんでしたか？

さらに、龍さんの「〝村神様〟が流行語大賞を獲ったときもうれしかったもん」というコメントを見て、「そういえば、村神様の前年の流行語大賞って何だったかな？」（＝邪念⑥）と気になった方もいらっしゃるかもしれません。そんなとき、目の前にスマホがあったら……つい手が伸びてしまうのが人間ですよね。

つまり、読書中に一度でも頭に浮かんだ「邪念」を優先してスマホを手に取ると、もう抑止力が効かなくなる。脱線は一度では止まらないのです。

（※ちなみに、ヤクルトのファンクラブ名誉会員第1号は出川哲朗さん、第3号はさだまさしさんです。村神様の前年の流行語大賞は「リアル二刀流／ショータイム」でした）

情報過多時代に読書に集中するための2つの対策

①スマホを見えるところに置かない

禁煙の基本は「タバコを近くに置かない」ことだと言いますから、禁スマホの基本は**「スマホを見えるところに置かない」**こと。目で見えると絶対に触りたくなるので、読書中は視界に入らないところに置くようにしてください。

私は外で読書をするときは、絶対にスマホをカバンから出さないようにしていますし、家で読むときは、スマホをスターバックスのキャニスターの中に入れて、完全に封印するようにしています。キャニスターは、本来は「コーヒー豆の鮮度」を保つための容器ですが、私は「読書中の集中力」を保つために利用しています。

はい、ここでスマホを手に取って、「スターバックス　キャニスター」で検索してはいけませんよ！　どんなものか気になる方は、このページに付箋《ふせん》を貼る（あるいはドッグイヤー）だけにとどめて、読み終えたあとで心置きなく調べてください。あなたは今、読書をしているのです。欲望の言いなりにならないように。

人生は常に誘惑との戦いです。1冊の本を集中して読みたいのなら、読書以外の要素をなるべく取り除いてしまうことです。『ドラゴンボール』に出てきた「精神と時の部屋」のような環境をつくり出して、もっと読書に気が向くように、自分を仕向ける必要があります。

②読書中のBGMは歌詞がない曲にする

さらに、スマホ以外でもう1つ、集中力を高めるために注意しないといけないことは、読書中のBGMです。必ずノンボーカル（＝歌詞がない）曲にしてください。

なぜなら、私たちは日本語を理解できるので、言葉が聞こえてくるとどうしてもそちらに意識が向いてしまって、読むことに集中できなくなるからです。「テレビを見ながらの読書」や「カフェで隣の人の会話を盗み聞きしながらの読書」が捗《はかど》らないのも、これが原因ですね。

聖徳太子は一度に10人の話を聞けたそうですが、普通の人間は、10人はおろか、2人の話を同時に聞くことさえも難しいのが現実です。

それなのに、本を読むときは、「目で見ている日本語」と「耳から聞こえてくる日本語」、2つを同時に処理しようとしている。これはちょっと無理があると思いませんか？

読書に集中するコツは、**「一度に向き合う日本語を一つに絞ること」**です。目で読んでいるんだから、耳から違う言葉を入れてはいけません。読書中は、日本語が含まれるテレビやラジオの音声、他人の会話は完全にシャットダウンすること。音楽を流すときは、ノンボーカルのクラシックやジャズにするか、歌詞の意味がわからない外国語の曲にしましょう。

「名もなき読書家」オススメの読書中のBGM

ワンランク上の読書体験として、**「読む本の内容に合わせたノンボーカル曲を流して、臨場感を味わう」**という方法があります。これまでに私が試してみた中で、特にオススメの４パターンを紹介します。

①恩田陸さんの『蜜蜂と遠雷』を読むときに、「蜜蜂と遠雷 音楽集」（＝小説の登場人物たちがピアノコンクールで弾いた曲が収録されているコンピレーション・アルバム）を流す。

②反田恭平さんの『終止符のない人生』を読むときに、反田さんが演奏されているピアノのＣＤを流す。

③安壇美緒さんの『ラブカは静かに弓を持つ』を読むときに、チェロのＣＤを流す。

④ビジネス書や実用書を読むときに、YouTubeで「スターバックスコーヒーのＢＧＭ」を流す。

①は２０１７年に直木賞と本屋大賞をダブル受賞したピアノコンクールを舞台にした小説、②は第18回ショパン国際ピアノコンクールで2位になった反田さんの自伝、③は２０２３年に本屋大賞第2位になったチェロが出てくる音楽小説、④はコーヒーを用意するとなお良し、です。

①〜③は、ピアノやチェロを聞きながら読むと、情景が目に浮かんできます。④はスターバックスで読書をしているビジネスパーソンのような気分になりますので、ぜひ試してみてください。

ここまで、本から欲しい情報をとるためには、「本を読む前に自分の体調をしっかり整えること」「集中して読むための環境をコーディネートすること」が大切であるとお伝えしてきました。そして、この2点以外にもう1つ、改善しないといけないことがあります。

「悩み」や「願望」が明確になっていない——欲しい情報がとれない原因③

2022年に現役を引退したスピードスケート金メダリストの小平奈緒さんは、平昌五輪で日本選手団の主将を引き受けた理由を、「(主将の経験から) 学べることは何かを考え、将来に生きてくるという想像ができたから」とコメントしていました。

これは、読書も同じだと私は考えています。

世の中には、スポーツ・映画・ゲームなど娯楽がたくさんあるのに、それでも人が本を読むのは、「(本から) 学べることは何かを考え、将来に生きてくるという想像ができるから」ですよね。この本を読んだら「悩みを解決できるんじゃないか」、あるいは「願望を実現できるんじゃないか」と思うから、人は読書をするわけです。

悩みや願望があるときは、「誰かに相談する」という手もありますよね。周囲の人からアドバイスをもらって、参考にする。

でも、中には「自分の気持ちを他人に打ち明けるのが苦手」という人もいるでしょう。夢を口にすることに抵抗があったり、悩みを人に打ち明けるのが恥ずかしかったり、そういうシャイな人が〝相談相手〟として本を選択して、

「人に言えない悩みや願望がある」

←「本に相談する」

←「アドバイスをもらう（＝自分で情報をとる）」

という図式を成立できればいいのですが、本を読んでも情報が全然とれない……。これは、「情報をとる能力がない」のが悪いと思うかもしれませんが、そうではありません。

そのもう1つ前の段階、「悩みや願望が明確になっていない」ことに大きな原因が

あります。

「とにかく知識を増やして、自信をつけたい」とジャンルレスに読み漁《あさ》ったり、図書館で借りた本の返却期限が迫っているからと急いで読んだり、私たちは**「本を読むこと」に忙しすぎて、「なぜ本を読んでいるか」をよく考えていない場合が多い**のです。

毎日、会社のためには8時間以上も使っているのに、わずか数分さえも自分のことをじっくり考える余裕がない。そして、悩みや願望の「棚卸し」がきちんとできていない状態で、強迫観念にかられて本を読み始めてしまう。

キーワードを「設定していない」というよりも、キーワードがそもそも「わかっていない」から情報がとれないのです。要するに、何も考えずに読んでいるわけです。

レストランに行って「私は何が食べたいんでしたっけ？」と聞いても、シェフは答えに困るでしょう。就職活動で「私はなんでこの会社を受けようと思ったんでしょうか？」と尋ねても、面接官は答えようがありません。

同じように、「私はこの本を読んで何を知りたいんですか？」と聞かれても、著者は「そんなの知らないよ」としか言いようがないのです。

答えは、自分の中にある。

本から情報をとるためには、読む前にその「答え」を自分で見つけないといけません。

「キーワード」というズーム機能で、ピントを合わせる

書店や図書館には、膨大な量の本が並んでいます。その中から1冊を手に取るとき、まず「ジャンル」で選びますよね。この本で言えば、「読書術」がそれに該当します。

健康、暮らし、ビジネススキル、お金、子育て……など、これらはすべて「ジャンル」です。

私たちは興味のある「ジャンル」の棚に行って、タイトルや帯のメッセージを見て、

ピンときた本を手に取ります。書店に行くと、いつも自然と足が向いてしまう場所があるでしょう。つまり、興味があって知りたい情報の「ジャンル」まではわかっているんですね。

その各ジャンルで、「うまくできないこと」や「何かやりたいこと」があって本を読むわけですが、情報をとるためのコツは、**自分の悩みや願望を分解して「キーワード化」する**ことです。

たとえば、本書を読んでいただいている方なら、「読書×情報がとれない」という人が多いでしょう。「ジャンル×できないこと（やりたいこと）」という公式で、上側がジャンル、下側があなたの悩み（願望）になります。

読書をしても情報がとれない（＝A）のを、情報がとれる（＝B）ように「A→B」に変化させたくて読んでいるわけです。

「情報がとれない」というキーワードを設定して、本書冒頭の「はじめに」を読んでみます。すると、こうなるでしょう。

◎本を読んでも情報がとれないのは、ズバリ、「読む前にキーワードを設定していないから」。
◎同じ本を読んでも、欲しい情報を〝とれる人〟と〝とれない人〟がいます。両者のたった1つの違い、それは「読む前にキーワードを設定しているかどうか」。

このような文章に、アンテナが立つようになります。

本から情報をとれる人は、ジャンルと掛け合わせるキーワード（＝何のために本を読んでいるのか）をちゃんとわかっていて、そこにフォーカスして読むから情報をとることができるわけです。目指す場所が明確になると、意識がそこに向かっていくからです。

狙っているキーワードがないと、脳はどこにピントを合わせたらいいのかがわかりません。いわば「ピンボケ」の状態で読書をしているようなもの。そこで、〝ズーム機能〟のような役割を果たすのがキーワードです。

では、その読む前に知っておくべきキーワードを設定する方法について、第2章で詳しく解説します。

第2章

読む前に知っておくべきこと

——「キーワード」を設定する方法

欲しい情報を分解して、「キーワード化」する

クリッピング会社は、クライアントが欲しい情報に含まれる「キーワード」で注文を受けます。

では、あなたも同じように、欲しい情報（＝悩みや願望）を分解して「キーワード化」してみてください。

このように言うと、まるで新たなチャレンジのように思えますが、実はもうすでにあなたは、無意識のうちに欲しい情報を「キーワード化」しています。Twitterをやっていたり、インターネットで検索エンジンを利用したことがある人なら絶対に。

たとえば、あなたが「横浜アリーナ」で行なわれた「宇多田ヒカル」さんのコンサートに行ったとします。それで、生歌にすごく感動して、同じ日に会場に詰めかけた約1万2000人のファンがどういう感想を持ったかを知りたくなりました。

すると、帰り道にTwitterで、

「宇多田ヒカル」×「横浜アリーナ」

というキーワードで検索するのではないでしょうか?

この作業を言語化すると、次のようになります。

①自分が知りたい情報である「宇多田ヒカルさんのコンサートin横浜アリーナに来ていた人の感想」を分解。

②内容を象徴するキーワード(=宇多田ヒカル、横浜アリーナ)を抽出。

③検索をかける。

つまり、欲しい情報を「キーワード化」してとりにいっているのです。

「宇多田ヒカル」だけだと、コンサートと関係ない情報もたくさん流れてきますので、

「横浜アリーナ」とAND検索にして、結果を絞り込むのがポイントですね。

さらに、MCでどんなことを話していたかを思い出したければ、

「宇多田ヒカル」×「横浜アリーナ」×「MC」

と、もう1つキーワードを追加するでしょうし、この日のセットリストを復習したければ、

「宇多田ヒカル」×「横浜アリーナ」×「セットリスト」

と、今度はキーワードを入れ替えたりします。

そして、ENTERボタンを押せば、あとは検索エンジンが条件に該当する情報を勝手に探してきてくれる。その結果を見て、「自分と同じことを思っていた人がいる」とうれしくなったり、「細かいところまでよく覚えているなぁ」と感心したり、「こういう見方もあるのか」と勉強になったりします。

その本におけるあなたの「AND検索のキーワード」は何ですか？

このように、情報収集というのは、本来とても楽しい作業です。求めているデータをドンピシャで手に入れたときの快感。今まで知らなかったことに気づける喜び。知識が増えたことによるみなぎる自信——。

このような好循環を、「Twitterや検索エンジンでは生み出せるのに、同じ「活字媒体」の読書では、どうしてできないのでしょうか？

その理由は、メインのキーワードと掛け合わせる「AND検索のキーワード」がわかっていないから。

先ほどの例で言えば、「宇多田ヒカル」のところで思考が止まっているからです。その先の、本当に知りたい情報である「横浜アリーナ」「MC」「セットリスト」というキーワードをイメージできていないわけです。

メインのキーワードは、本の「ジャンル」です。この本だと「読書術」、まあ「読書」ですね。何か「読書」に関することでうまくできないことや、悩みがあるから手に取っていただいたと思うのですが、あなたが「読書」の先に知りたいことは何でしょうか？

「読書」×「？・？・？」

この「？・？・？」の部分をハッキリさせないと、情報をとることはできません。

2023年7月現在、「宇多田ヒカル」をGoogleで検索すると、約1100万件がヒットします。さすがは日本の歌姫、ものすごい数です。全部に目を通すこともできなくはないですが、途方もなく時間がかかるでしょう。だから、欲しい情報に少しでも早く辿り着けるように、欲しい情報が確実にとれるように、「AND検索」をするわけです。

一方、ビジネス書は、1冊あたり約10万字と言われています。これまたすごい文字数ですが、この10万字という〝大量の文字の羅列〟を、今まであなたは「AND検索」のキーワードを何も設定しないで読んでいた可能性がおおいにあります。

インターネットに置き換えて考えると、これで欲しい情報をとろうというのがいかに無謀なことか、おわかりいただけるでしょう。

読書をするとき、「たまたま開いたページに欲しい情報が載っていた！」というようないわゆる〝棚からぼた餅〟は、めったに起こることではありません。

自分の内面をじっくりと耕して、AND検索のキーワードを設定し、それがどこに載っているか、必死に探して見つけないと情報はとれません。

「他人のキーワード」を通して、自分のキーワードを見つける

それではさっそく、この本からあなたが欲しい情報を「キーワード化」してみましょう。

「読書」×「?・?・?」

この「?・?・?」の部分に当てはまるキーワードを、3〜5つほど書き出してみてください。

……と言われて、スラスラ筆が進むでしょうか?

私は読書術の本を読むとき、「?・?・?」の部分がうまく書き出せませんでした。自分が知りたいことはなんとなくはわかっているのですが、それを「キーワード」に落とし込むことができない。

その原因は、私にとってキーワードは常にクライアントから「与えられるもの」だったからです。

「〇〇〇というキーワードの情報を集めてください」「はい、わかりました」というのが、情報収集のいつものパターンでした。つまり、キーワードに関してはとことん受け身の人間で、「自分自身のキーワード」に向き合っていなかったのです。

そんなとき、友達とカラオケに行きました。フリータイムだったので、時間が経過するにつれてだんだん持ち歌がなくなってきたのですが、窮地を救ってくれたのが「リモコンの履歴」です。

最近予約された曲名一覧

・マリーゴールド（あいみょん）

・Dynamite（BTS）
・糸（中島みゆき）
・Pretender（Official髭男dism）
・チェリー（スピッツ）
・M（PRINCESS PRINCESS）
・人生いろいろ（島倉千代子）

その日は「LIVE DAM STADIUM」という機種を利用していて、部屋に置いてあったリモコンには、前の人の履歴が１０００曲残っていました。1曲目から順番に辿って見ていると、「あいみょんの『マリーゴールド』だったら、うまく歌えるかもしれない」「私の名字はイニシャルがMだから、プリプリの『M』でも歌ってみようかな」などと、自分のレパートリーに加えられそうな曲を、たくさん見つけたのです。そして、ふと閃《ひらめ》きました。「この方法は、キーワード探しにも使えるな」と。

「自分で自分を見るのではなく、相手を通して自分を見ることによって課題が見つかる」

これはプロスケーター・羽生結弦さんの著書『夢を生きる』の中に出てきたフレーズです。金メダルを獲得したソチ五輪のシーズン中、最大のライバルだったカナダのパトリック・チャン選手の演技を観察して、どうしたら彼に勝てるか、自分に何が足りないかを必死に考えていたとのこと。

そして私はカラオケで、自分で自分が歌える曲を考えるのではなく、他人の履歴を通して自分が歌える曲を見つけました。

この**「他人がやっていることを見て、自分にフィードバックする」**という方法を、ぜひキーワード探しでも使ってみてください。

今からあなたがすること

自分で自分のキーワードを考えるのではなく、「他人のキーワード」を通して自分のキーワードを見つける。

検索エンジンの「サジェスト機能」で、「他人のキーワード」を収集する

というわけで「他人のキーワード」を知りたいのですが、いちいち誰かに話しかけて、「あなたのキーワードは何ですか?」と聞くわけにはいかないですよね。

そこで利用するのが、**検索エンジンの「サジェスト機能」**です。

もうすでにご存じの方も多いでしょう。キーワードの後ろにスペースを入れると、

ズラリと表示されるアレですね。

サジェスト（suggest）とは、英語で「提案する」という意味です。パソコンが「あなたがAND検索したいのはこれじゃないですか？」と勝手に予測して、提案してくれる。これって、言うならば「他人のキーワード」みたいなものだと思いませんか？

サジェストキーワードは、Google・Yahoo!ともに10個程度が表示されます。

誰にも迷惑をかけることもなく、自力で「他人のキーワード」が収集できる。これは利用するしかないでしょう。

試しに、GoogleとYahoo!で「読書」と入力して、そのあとにスペースを入れてみたところ、次のような結果となりました。

「読書」×サジェストキーワード

◎Google……英語、効果、おすすめ、カフェ、アプリ、イラスト、記録、ストレス解消、

メリット、椅子

◎Yahoo!……効果、おすすめ、イラスト、メリット、アプリ、椅子、音楽、英語で言うと、カフェ、ライト

Googleと Yahoo! では検索結果が異なることもあるのですが、「読書」に関しては似たようなキーワードが並んでいます。「効果、メリット、おすすめ、カフェ、アプリ、椅子」などは、それだけ多くの人が関心を示している事柄だとわかります。

この表示された10個のキーワードを見て、「もう読書のキーワードについてはある程度わかった」などと思ってはいけません。

それは Yahoo! トピックスを見て、世の中の動きをすべて把握したような気分になるようなものです。自分の趣味嗜好《しこう》に合ったニュースは、さらに詳しく検索しないと出てきません。

だから、キーワードももっと深掘りして、ピンとくるものを探す必要があります。

「読書」のサジェストキーワードを五十音順に見てみる

そこでオススメなのが、「サジェストキーワード」を五十音順に全部見ていくという方法です。

・「読書」×「あ」
・「読書」×「い」
・「読書」×「う」

このように、「あ」から「わ」まですべて目を通して、日本語をまんべんなく拾っていきます。実際にやってみた結果を、ここでは五十音、1つずつ紹介します。

「読書」×五十音順キーワード

◎あ行……頭に入らない、意味ない、腕が疲れる、evernote、おすすめ
◎か行……カフェ、記録、首が痛くなる、蛍光ペン、コツ
◎さ行……冊数、集中できない、スピード、線を引く、速度
◎た行……楽しみ方、知識を得る、月に何冊、定着しない、図書館
◎な行……内容を忘れる、人気の本、抜き書き、眠くなる、ノート
◎は行……速く読む方法、必要ない、付箋、ヘッドライト、本の選び方
◎ま行……マインドマップ、身につかない、無意味、目が疲れる、目的
◎や行……役に立たない、指でなぞる、読みやすい本
◎ら行……楽な姿勢、量、ルーペ、レビュー、ログ
◎わ行……忘れてしまう

以上のように、世の中の人々は実にさまざまな思いを持って「読書」というキーワードを検索しています。あなたの価値観と照らし合わせて、ピンときたものはありましたか？

「まさにこれだ」というのもあれば、「言われてみれば、これも気になる」というのもあるでしょう。後者が見つかると、なんだかうれしい気持ちになりますよね。見えないけれど、自分の中に存在している感情を、サジェストキーワードは代弁してくれます。

検索エンジンは感情を持たないので、「こういうキーワードを提案したら失礼じゃないかな？」などと忖度《そんたく》することもありません。何のフィルターもかけずに並べられた雑多なキーワードの中から、自分の心に響く言葉を探すのは楽しい作業だと思いませんか？

収集した「サジェストキーワード」をグルーピングする

次に、先ほど収集した五十音順キーワードを、大まかにグルーピングしてみます。

「読書」×五十音順キーワード×グルーピング

①情報収集がうまくできない
↓頭に入らない、定着しない、内容を忘れる、身につかない、忘れてしまう
②スピードを気にしている
↓スピード、速度、速く読む方法
③読書中の体勢やコンディションに問題がある
↓腕が疲れる、首が痛くなる、眠くなる、集中できない、目が疲れる、楽な姿勢
④目利きの人に教えてほしい

↓おすすめ、コツ、人気の本、楽しみ方、本の選び方、読みやすい本
⑤読書そのものを否定
↓意味ない、必要ない、無意味、役に立たない
⑥他人の読書量が知りたい
↓冊数、月に何冊、量
⑦読書記録
↓evernote、記録、線を引く、抜き書き、ノート、マインドマップ、レビュー、ログ
⑧読書グッズ
↓蛍光ペン、付箋、ヘッドライト、ルーペ

キーワードを分類すると、世の中の人がそのテーマに対してどんな悩みや関心を持っているかの〝相場観〟がわかります。「木＝1つのキーワード」ではなく、「森＝多くのキーワード」を見る。全体を俯瞰《ふかん》することで、それまでボンヤリしていた実像や

実態がハッキリと見えるようになります。

「読書」のサジェストキーワードは、8つに分類することができました。主な悩みとしては、「情報収集がうまくできない」ことと「速く読めない」ことでしょうか。読書中の「体勢」や「コンディション」に問題を抱えている人、他人の「読書量」や「記録のつけ方」が気になる人も多いようです。

また、「目利きの人にいろいろ教えてほしい」と向上心にあふれている人もいれば、「意味がない、役に立たない」と読書そのものを否定する人も……。まさに価値観は人それぞれ。でも、今この本を読んでいるあなたは、間違いなく前者なのでしょう。

「情報収集」のサジェストキーワードを五十音順に見てみる

この本は、大量の活字の中から「情報をとること」を仕事にしている私が「①情報収集がうまくできない人」に向けて書いていますので、「情報収集」というキーワードも五十音順に見ていきたいと思います。

「情報収集」×五十音順キーワード×洗い出し

◎あ行……アンテナ、Instagram、うまい人、営業、遅い
◎か行……会社、キーワード、工夫、検索、効率化
◎さ行……サイト、時間がかかる、スマホ、整理、ソース
◎た行……大切、調査、Twitter、テクニック、得意
◎な行……内容、苦手、抜け目ない、ネタ、ノウハウ
◎は行……早い、ヒアリング、Facebook、下手、本
◎ま行……まとめ方、耳、無駄、メリット、目的
◎や行……やり方、YouTube、読み方

◎ら行……LINE、リアルタイム、ルール、レポート、論文
◎わ行……話題

わりとイメージしやすいキーワードが並んでいるような気がしますが、いかがでしょうか？

次にグルーピングをするのですが、まず目に飛び込んでくるのは、なんと言っても「英単語」です。

【Instagram・Twitter・Facebook・YouTube・LINE】。今やSNSは、友達とのコミュニケーションに使われるだけでなく、「情報収集のツール」として活用されていることがわかります。つまり、SNSが検索エンジンのような役割を果たしているんですね。

あとは、【遅い・時間がかかる・苦手・下手】で悩んでいる人、【工夫・効率化・テ

クニック・まとめ方・ルール・やり方】を学びたい人。

「読書」のキーワードとだいたい同じ構図になっています。

グルーピングをして、自分がそのテーマのどんなことに悩みや関心があるのかがわかると、設定したキーワードと同じ領域にあるキーワードにも、アンテナが立つようになります。

先ほどの「宇多田ヒカル」×「MC」という事例で言うと、「MC」だけでなく、「トーク」「しゃべり」「話し方」というキーワードも目に飛び込んでくるようになる感じです。

「宇多田ヒカルの飾らない**MC**が良かった」
「宇多田ヒカルの**トーク**、たどたどしいけど、そこがまたいい」
「宇多田ヒカルは歌うとカッコ良くて、**しゃべり**はかわいい」

「宇多田ヒカルの**話し方**って、藤圭子さんに似てるなぁ」

検索エンジンは「入力されたキーワード」しか見つけられませんが、私たちは「日本語のゆれ」や「類義語」にも対応することができます。これは、人間だけに与えられたすばらしい能力です。本を読み進める中で引っかかるキーワードが増えると、1冊の本からとれる情報量もどんどん増えていきます。

知らないと確実に損をする「ラッコキーワード」――関連キーワード取得ツール

ここまで読んできて、「サジェストキーワードを五十音順に全部見る→自分のキーワードを見つける」という方法は理解していただけたと思うのですが、難点は時間がかかることでしょう。

「あ」から「わ」までは、全部で44文字あります。1文字＝15秒程度で見ていくとしても、10分くらいかかります。このわずか10分という時間が、忙しい毎日の中ではなかなかとれないんですよね。

そこで「めんどくさいことはしたくない」というあなたにぜひ紹介したいのが、**「ラッコキーワード」(https://related-keywords.com/)** です。

これはサジェストキーワードを、ひらがなの「あ」から「わ」までと、アルファベットの「A」から「Z」までを、たった1回の検索ですべて表示してくれるというもの。「知っていたら得をする」というよりも、知らないと確実に損をする、恐ろしく便利なツールです。

試しにラッコキーワードのサイトを開いて、トップ画面の左上にある検索ボックスに「読書」と入れて、「サジェスト（Google）」を選択して、検索ボタンをクリックしてみてください。1文字につき10個ずつ、約700個のサジェストキーワードが一瞬で表示されたでしょう。

まさに超時短です！

これを見ながらピンとくるキーワードを探す人と、ウンウン唸《うな》りながらキーワードをイチから自力で考える人。どちらが効率がいいかは言うまでもありません。

今後の読書の方法

本を読む前に、①その本のジャンルやテーマを「ラッコキーワード」で検索して、「他人のキーワード」にざっと目を通してみる。そして、②その中から直感でピンときたものをいくつかリストアップして、③それらのキーワードを頭に入れて読む。今後は、自分から狙って情報をとりに行く「能動的な読書」をしましょう。

ビジネス書を読んだあとは、何か1つ、本の内容を行動に移すようにしている人もいると思います。本書から1つ実行するなら、ぜひこの「ラッコキーワード」を使ってみてください。

「ラッコキーワード」を使って、好きなことを徹底的に深める

読書から少し脱線しますが、「ラッコキーワード」はピンとくるキーワードを探すだけでなく、〝自分の好きなことを深める〟ために利用することもできます。

たとえば、メジャーリーガーの大谷翔平選手。今や国民的なスーパースターですから、読者の中にもファンの方が多いのではないでしょうか。

そこで「大谷翔平」で検索してみた結果を、ここでは五十音、1つずつ紹介します。

「大谷翔平」× 五十音順キーワード

◎あ行……愛車、インスタ、腕時計、エンゼルス、生い立ち
◎か行……髪型、筋肉、靴のサイズ、血液型、甲子園
◎さ行……佐々木朗希、身長、睡眠時間、セイコー、育て方
◎た行……誕生日、父、通訳、天才、トラウト
◎な行……仲良し、ニューバランス、ヌートバー、年俸、能力
◎は行……母、ヒューゴボス、藤浪晋太郎、ヘッドホン、ホームラン
◎ま行……マンダラチャート、水原一平、村上宗隆、名言、目標
◎や行……家賃、ユニフォーム、吉田正尚
◎ら行……ライブ速報、両親、ルーティン、練習、ロッカー
◎わ行……ワールドベースボールクラシック

大谷選手のファンの読者の皆さん、これらが何のことか全部わかりますか？

【佐々木朗希・ヌートバー・村上宗隆・吉田正尚】は2023年のWBCで共に戦っ

た侍ジャパンのチームメイト、【セイコー・ニューバランス・ヒューゴボス】はスポンサーですね。【生い立ち・育て方・父・母・両親】は「いったいどういう子育てをしたのか？」と気になっている人が多いのでしょう。

【身長・血液型】はご存じの方も多いと思いますが、【愛車・腕時計・睡眠時間・ヘッドホン・家賃】などは、「さすがにそこまでは知らない」という人もいらっしゃるのではないでしょうか。

「ラッコキーワード」でズラッと表示された700個のキーワードを見ると、大谷ファンを自負している人でも、まだまだ自分の知識にはヌケやモレがあることを痛感させられると思います。意味がわからないキーワードがあるのは悔しいから、必死に調べる。その結果、大谷選手のことをより〝広く深く〟知るようになるのです。

もう1つ、事例を挙げてみます。

2022年12月に公開された映画「THE FIRST SLAM DUNK」。井上雄彦さんの人気バスケットボール漫画『SLAM DUNK』を原作にしたアニメーション映画ですが、90年代のアニメ放送を観ていた世代にとっては懐かしく、若い人の中には「この映画で初めてスラムダンクを知った」という方もいらっしゃるかもしれません。
映画を観て感動して、「キャラクターの背景を思い出したい」「原作のストーリーをもっと詳しく知りたい」と思った方のために、ラッコキーワードで〝スラムダンク〟と入れて検索してみた結果を、五十音、1つずつ紹介します。

「スラムダンク」×五十音順キーワード

◎あ行……赤木、インターハイ、魚住、映画、大黒摩季
◎か行……鎌倉高校前、清田、口コミ、結末、興行収入
◎さ行……山王戦、主題歌、ストーリー、仙道、その後
◎た行……単行本、中国、続き、天才ですから、登場人物
◎な行……なぜ人気、入場者特典、ぬいぐるみ、ネタバレ、能代工業

◎は行……花道、左手は添えるだけ、藤真、ヘアスタイル、堀田軍団
◎ま行……牧、三井寿、ムビチケ、メガネ君、モデル
◎や行……ヤンキー、ユニフォーム、要チェックや
◎ら行……ラストシーン、リョータ、流川、レビュー、ロングラン
◎わ行……WANDS

アニメを観ていた〝スラダン世代〟の皆さん、これらが何のことか全部わかりますか？【赤木・花道・三井寿・メガネ君・リョータ・流川】は湘北高校のバスケ部のメンバー、【魚住・清田・仙道・藤真・牧】はライバル校の選手の名前です。

【天才ですから・左手は添えるだけ・要チェックや】は原作に出てきた有名なセリフ、【大黒摩季・ＷＡＮＤＳ】はアニメの主題歌を歌っていた歌手ですね。

１２４分の映画では説明されていなかったキャラクターの背景や、端折られていたエピソードを頭に入れた上でもう一度映画を観てみると、一度目には見逃していたも

のが見えたり、感じ方が変わったりすると思います。ラストの無音シーンは、嗚咽《おえつ》を堪えるのが大変になるかもしれません。

このように、自分が好きなことや、興味を持ったことの知識を増やす「自主的な勉強」は、強制的に受けさせられる学校の授業と違って、本当に楽しいものです。嫌なことがあったときや現実逃避をしたいときに、ぜひ熱中してみてください。

狙っている「キーワード」があるから、省エネが可能になる

キーワードを頭に入れて本を読むことの利点は、欲しい情報がとれるようになることと、そしてもう1つは、読書が「省エネ」でできるようになることです。

たとえば、目の前に読売新聞の朝刊があって、「今から1分以内に、昨日の巨人（読売ジャイアンツ）の試合結果の記事を見つけた人に100万円あげます！」と言われた

ら、あなたはどんな読み方をしますか？

おそらく、紙面前半の政治面・経済面・国際面などはすっ飛ばして、まず「スポーツ面」を読むのではないでしょうか。そして「プロ野球」の見出しを探して、その中から「巨人」の記事を見つけますよね。1分以内に巨人の記事を探さないといけないのに、毎日連載されている「4コママンガ」を読んだり、「テレビ欄」に載っているドラマのあらすじを熟読したり、「訃報欄」の名前を一つひとつ確かめたりする人はいないでしょう。

私たちは日本語がわかるので、「キーワードが載りそうな面」の当たりをつけることができます。

今回の場合、「プロ野球の試合結果＝スポーツ面に載っているだろう」と予想して、その他の面はちょっと〝気を抜いている〟わけですね。

この**「すべての文章を全力で読まない」**というのが、読書ではすごく大事なことなのです。

以前、テレビ番組でプロスケーターの浅田真央さんが、6種類の3回転ジャンプを8つすべて成功させた、ソチ五輪の〝伝説のフリー〟を自ら解説していたのですが、プログラムの前半が終わっていったん静止し、後半が始まって滑り出したときに、「ここは休憩ポイントです」と言っていました。ジャンプや激しいステップがないところは本人的には〝休憩〟のようなのですが、素人目には全力で滑っているようにしか見えません。

マラソンでも、トップランナーは「30キロまではペースメーカーについていって、体力を温存して……」などと言いますよね。これも本人的には〝温存〟でも、素人目には猛スピードで走っているようにしか見えないわけです。

「エネルギーの使い方にメリハリがつけられる」というのは、その道の〝上級者の証〟と言っていいでしょう。

そして、「文章を読むことの上級者＝プロの調査員」は、毎日朝から晩まで8時間、ひたすら活字を読んでいます。でもこんなに長い時間、ずっと集中力が保てると思いますか？

いくらプロでもこれは無理です。少なくとも、私にはそんな脳の体力はありません。だから、動作的には「ずっと読んでいるように見える」のですが、実は読みながら適度に〝休憩〟しているのです。

ビジネス書における「休憩ポイント」はどこ？

プロの調査員は新聞・雑誌を読んで、クライアントから依頼された1500個のキーワードが含まれる記事を見つけないといけません。でも、「すべてのキーワードが載っていない」と思われるページもけっこうあるのです。これはもう長年の勘みたいなものですが、大事ではないところを「省エネ」で読んでいる（＝休憩している）から、一日中読むという行為を続けることができるんです。

読書が疲れるという人は、最初から最後まで、すべての文章を全力で読んでいるのではないでしょうか。

ビジネス書の中には、「休憩してもいい＝読み飛ばしてもいい」ところが３つあります。

①既知情報
②著者の自慢話
③会社や商品の宣伝

①は、すでに知っていることは何度読んでも同じ。
②は、自慢話や武勇伝は、右から左に聞き流すのが一番。
③は、宣伝を熱心に読むと、出版をビジネスにつなげようとしている著者の策略にまんまとハマってしまいます。
これらが書いてある箇所は、読書中の「休憩ポイント」です。特に②と③にキーワ

ードが出ている可能性は、きわめて低いです。こういうところで余計な労力を使ってはいけません。

このように、狙っているキーワードがあると「情報がとれる」だけでなく、**「読みながら休める場所をつくれる」**ようになります。フィギュアスケーターやマラソンランナーだけでなく、読書家もエネルギー配分が大事です。

〝手抜き〟ではなく〝要領良く〟読書ができるように、キーワードが載っていないと思われるところは、「省エネモード」で読むようにしましょう。

「自分株式会社」が必要な情報を、自分でクリッピングするような感覚で読む

私が働いているクリッピング会社は、「クライアントが必要な情報を、調査料金をいただいて、代わりに収集する」のが仕事です。これを読書に当てはめると、「『自分株式会社』が必要な情報を、書籍代を払って、自分で収集する」ということになります。

つまり、読書とは「一人クリッピング」みたいなもの。最近は、一人カラオケ・一人映画・一人焼肉などのソロ活をする人が増えているそうですが、読書をするときはぜひ、「一人クリッピングをしている」という感覚で本を読んでみてください。

クリッピング会社がクライアントから「キーワード」で注文を受けるように、あなたも「自分株式会社」が必要な情報に含まれる「キーワード」を、自分に注文します。

そして、そのキーワードが含まれる文章を、自力で見つけるようなイメージです。

読書とは、自分の未来に〝お金〟と〝時間〟を投資する作業です。1冊の本の価格は、だいたい1500円前後。図書館の本は無料で借りることができますが、図書館まで往復する時間を差し出しています。何かと忙しい日々の中で、それだけの投資をしたからには、全力でリターン（＝欲しい情報）をとりにいかないといけません。

クリッピング調査の現場では、投資をしてもらったのにリターンを返せない（＝依頼されたキーワードが含まれる記事が見つからない）こともあります。

たとえば、食品メーカーの日本ハムが、「新庄ハム」というネーミングのハムの新商品の発表会を開くとします。このイベントには新庄剛志さんも出席するため、翌日のスポーツ新聞に大きく掲載されることを見越して、「新庄ハム」というキーワード調査を依頼されました。

【日本ハムから依頼されたキーワード調査】

・「新庄ハム」（※備考：○月△日に新庄剛志さんを招いて新商品発表会を実施）

ところが、運の悪いことに、新商品発表会の日に大事件や災害、有名人の結婚・訃報・逮捕などのビッグニュースがあると、記事がまったく載らないことがあります。調査員は血眼になって探しましたが、「新庄ハム」というキーワードが含まれる記事は1つも見つかりませんでした。このような場合でも、心苦しいのですが調査料金（＝依頼を受けた時点で発生）はいただくことになります。日本ハムにしてみれば、お金を払ったのに収穫が何もないというのは、正直損した気分になるでしょう。

「一人クリッピング」の場合も、先に書籍代を払っているので、欲しい情報（＝キーワードが入った文章）を見つけないと元がとれないわけです。誰だって損はしたくないですよね。**読書は、見つけられるも見つけられないも、すべては自分次第**。これはもう、必死にキーワードを探すしかありません。

「センスの良いキーワード」とは？

私は「ラッコキーワード」を利用して、自分自身のキーワードもたくさん探してきましたが、同時にクライアントが依頼してきた「本気のキーワード」もたくさん見てきました。延べ数で言えば、おそらく1万個を超えていると思います。

最初の「キーワード設定」を間違えると欲しい情報が手に入らなくなるので、皆さん真剣に考えてこられるのですが、その中でも「センスが良いな」と思うキーワードは、**「依頼してきた理由がわかりやすい」もの**です。

世界経済を席巻しているプラットフォーマーの「GAFA」。その1つであるGoogleが、「Apple」「Facebook」「Amazon」という3つのキーワードの調査を依頼してきたとすると、目的はきっと「競合他社の動向を知るため」ですよね。

一方で、キーワードが「Gmail」「Google Pixel」だったら、おそらく「自社製品の認知度やイメージを知るため」でしょう。

このように、センスの良いキーワードは、直接クライアントに理由を聞かなくても、ひと目見るだけで**「何のために」**がイメージできるのです。

Googleから依頼されたキーワード調査

- 「Apple」「Facebook」「Amazon」→競合他社の動向を知りたい。
- 「Gmail」「Google Pixel」→自社製品の認知度やイメージを知りたい。

広く一般に知られていない無名の会社であっても、依頼してきたキーワードが「サービス残業」「過労死」だったら、「労働環境に問題がありそう」「ブラック企業なのかな」とか、（実際のところはわかりませんが）なんとなくクライアントが抱えている背景を察することができます。

では、〝読書株式会社〟さんに「自己啓発」「願望実現」という2つのキーワードで注文されたらどうでしょうか。ちょっと漠然としていてよくわからないですよね。核心に迫っていないというか、もう一段ぐらい掘り下げられそうな気がします。

でもこれが、「頭に入らない」「内容を忘れる」だったら、「この会社はインプットが課題なんだろうな」と推測できますし、「ノート」「付箋」「線を引く」だったら、「この会社はアウトプットの方法を模索しているのかな？」とか、なんとなくイメージできるでしょう。

読書株式会社から依頼されたキーワード調査

- 「自己啓発」「願望実現」↓何のためなのかがよくわからない。

・「頭に入らない」「内容を忘れる」↓インプットが課題だとわかる。
・「ノート」「付箋」「線を引く」↓アウトプットの方法を模索中だとわかる。

このように、キーワードを設定するときは、**客観的に見て「何のために」がわかりやすいかどうか**を意識してみてください。

スキマ時間に「キーワードの洗い出し」をしておく

私は普段、電車で通勤をしているのですが、今は老若男女、ほとんどの人がスマホを見ています。朝のラッシュ時などは、圧死しそうなくらい多くの乗客がいるのに、それでもわずかのスペースを見つけて器用に画面をタップしたり、スクロールしたり、文字を入力したりしています。

そんな技術をお持ちの方にぜひやっていただきたいのが、**「ラッコキーワード」を開いて、キーワードの洗い出しをする**こと。

はたから見ると、ただスマホをいじっているだけのように思えても、実は「自分の悩みや関心を掘り下げる」という、とても高貴で知的な作業をしている。まあ完全に自己満足の世界ですが、**スキマ時間を読書前の〝仕込み〟に使う**のはかなりオススメです。

「量をこなすことで質が高まる＝量質転化の法則」は、キーワードにおいても当てはまる真理です。日頃からたくさんのキーワードを見て、「キーワードの目利き」になりましょう。

ピンポイントに自分の深いところを刺激してくるものを見つけ出す。キーワードの一覧を〝読む〟というよりも〝見る〟ような感覚で眺めて、**共感できるものをピックアップ**する。これを何度も何度も繰り返す。

10個の中から1つ選ぶのと、700個の中から1つ選ぶのとでは、質が全然違います。ピンとくるキーワードがなかったり、うまくキーワードに落とし込めないときは、「センスがない」と嘆くのではなく、「見ているキーワードの量がまだまだ足りない」と考えてください。

たまに、駅の改札の手前で急に立ち止まって、定期やICカードをガサガサ探している迷惑な人がいますが、もっと早くから準備をしていればスムーズに通れますよね。キーワードも同じで、本を読む直前に慌てて探すのではなく、**常日頃から頭の中にいくつか抱えておく**のが理想です。

さて、キーワードを見つける方法や手順はだいたいわかっていただけたと思います。さあ、次のステップは、いよいよ「設定したキーワードが出ている本を選ぶ」こと。失敗しない本選びの方法を、第3章で詳しく説明します。

第3章

失敗しない本選びの方法

阪神ファンの渡辺謙さんにふさわしい「スポーツ新聞」は？

キーワード設定の次にやらなければならないことは、「キーワードが出ている本を選ぶ」ことです。

欲しい情報が載っていない本の中からキーワードを見つけるのは、誰にとっても至難の業。「当たりクジが入っていないクジ引き」をやって、時間もお金も無駄にするようなことは絶対に避けたいものです。

本題に入る前に、ここで1つクイズです。

「熱狂的な阪神ファン」として知られている俳優の渡辺謙さんがコンビニでスポーツ新聞を買う場合、以下の6紙のうち、どれが最もふさわしいと思いますか？

①日刊スポーツ　②スポーツニッポン　③スポーツ報知

④サンケイスポーツ　⑤デイリースポーツ　⑥東京中日スポーツ

正解は「⑤デイリースポーツ」です。すぐにピンときた人は、スポーツ新聞の〝特性〟がよくわかっているのでしょう。

スポーツ新聞の系列

①日刊スポーツ＝朝日新聞社　②スポーツニッポン＝毎日新聞社
③スポーツ報知＝読売新聞社　④サンケイスポーツ＝産経新聞社
⑤デイリースポーツ＝神戸新聞社　⑥東京中日スポーツ＝中日新聞東京本社

一見、どれも同じように思えるスポーツ新聞ですが、それぞれ親会社が違います。
「スポーツ報知」は巨人の親会社の読売新聞社系列なので、必然的に巨人の情報が多くなります。そして、「デイリースポーツ」は神戸新聞社系列で本社が神戸にあるため、地域柄、阪神の情報がたくさん載っているのです。

試合があった翌日は、よほどのビッグニュースがない限り、1〜4面くらいまでを阪神タイガース関連の記事が独占します。私は仕事で「デイリースポーツ」を読むことがあるのでわかるのですが、これはもう本当に事実なんです。五輪やサッカーW杯の開催中でも、「阪神勝利！」が1面になっていたことが、今までに何度もありました。

だから、熱血虎党の渡辺謙さんは、「デイリースポーツ」を読めば、知りたい阪神の情報をたくさんとることができますよね。これが、何も考えずに「スポーツ報知」を買ってしまうと、「巨人の記事ばっかりじゃないか」ということになりますし、「世界のケン・ワタナベ」のイメージにふさわしいからと「ニューヨーク・タイムズ」（英字紙）を読んでも、きっと阪神の記事はどこにも載っていないでしょう。

お笑い芸人・スピードワゴンの井戸田潤さん（愛知県出身、中日ドラゴンズファン）は、以前、人気テレビ番組「アメトーーク！」の「スポーツ新聞大好き芸人」に出演した際、「東京中日スポーツを愛読している」とおっしゃっていました。これは〝情報収集〟という観点から見ると、実に正しいアプローチです。

阪神ファンならデイリースポーツ、巨人ファンならスポーツ報知、中日ファンなら東京中日スポーツ。

欲しい情報をとるためには、**設定したキーワードが出ている（と思われる）媒体を選ぶ**ことが大事です。そして、あなたは読書でこれをしなければなりません。

「飲み会の幹事」と「本選び」の意外な共通点

設定したキーワードが出ている本を選ぶときは、「飲み会の幹事」をするときの要領が大いに参考になります。

たとえば、あなたが飲み会の幹事を担当することになったら、まず「希望条件」をピックアップするでしょう。◯◯駅周辺、居酒屋、飲み放題付き、参加人数、個室、一人△円まで……などなど。これは、つまり、キーワードを設定しているんですね。

これらのキーワードに一致するお店を、「ぐるなび」「HOT PEPPER」「食べログ」などのグルメサイトで検索して調べる。そして、表示された一覧の中から、良さげなお店を1つ選ぶ。今までの人生で一度でも幹事を担当したことがある人は、この手順を踏んできたはずです。

幹事未経験の人は、「引っ越し」ならしたことがあるでしょうか。新居を探すときは、家賃、間取り、最寄り駅まで徒歩◯分、バストイレ別、2階以上、敷金礼金なし、オートロックなど「希望条件」を出して、それに該当する物件を選ぶでしょう。

お店選びにしろ、住居選びにしろ、**多くの候補があるときは、まずキーワードを設定して、それに一致したものを選ぶ**。

これは「万事に通じる手法」と言っていいでしょう。あなたの日常生活でも、無意識のうちにすでに取り入れていたのに、なぜかそれを「読書ではしていなかった」のです。

誰もが良いお店選び、良い物件選びには真剣に取り組むのに、「良い本選び」に気を抜きがちなのは、読書が個人作業であること（失敗しても他人に迷惑をかけるわけではない）、1冊にかかる金額がせいぜい1500円程度で済むこと（引っ越しはある程度まとまった金額が必要）もあるのでしょう。**「他の人がやらないことをする」**のは、まわりの人と差をつけるチャンスですね。

リストアップしたキーワードを、「読書サイト」で検索する

お店を選ぶときに利用するのは、「ぐるなび」「HOT PEPPER」「食べログ」などのグルメサイト、物件を選ぶときに利用するのは、「SUUMO」「HOME'S」「at home」などの住宅情報サイトです。

だから、本を選ぶときに利用するのは、「Amazon」「ブクログ」「読書メーター」などの読書サイトとなります。

①それぞれのトップ画面で設定したキーワードを入力。
②キーワードが含まれる本の一覧が表示される。
③その中から読みたい本を選ぶ。

という流れで、「欲しい情報」と「読む本」の擦り合わせを行なってください。

ただし、ここで表示される本は、あくまでもキーワードに一致したもの。

「良書を読むための条件は、悪書を読まぬことである。人生は短く、時間と力には限りがあるからである」

これはドイツの哲学者・ショーペンハウエルの言葉ですが、表示された本を全部読んでいる時間はありません。どうせなら良書を読みたいですよね。

飲み会の幹事をするときも、グルメサイトで表示されたすべてのお店に下見に行くわけにはいかないでしょう。いくつか候補をリストアップして、その中から1つを選ぶときは「口コミ」を参考にするのではないでしょうか。

今は何でも、インターネットである程度は調べることができますが、体験談に勝るものはありません。実際にそこで食事をした人の感想は、お店選びの重要な判断基準になります。だから、本を選ぶときも「読者のレビュー」を大いに参考にしましょう。

ただし、注意しないといけないことがあります。

Amazonのレビューがまったく信用できない3つの理由

本を選ぶときに、Amazonのレビューや星の数を参考にされている方もいらっしゃると思います。私も以前は見ていたときもあったのですが、最近は信用できないのでほとんど見なくなりました。その理由を3つ挙げてみます。

①本を買っていない人でもレビューを書ける

楽天市場は、購入した画面から「商品レビューを書く」というページに飛ぶシステムになっているため、商品を購入した人しか書けないのですが、Amazonは本を買わなくても、誰でもレビューを書くことができます。読まなくても本のレビューが書けるフォーマットになっている時点で、サイトの信憑《しんぴょう》性が低いと言わざるを得ません。

実際にAmazonで本を買って、読んだあとに「つまらなかった」という感想を書くならまだしも、「私は未購入ですが、読まなくてもつまらないことはわかるので、この本はオススメしません」などと書いて、星1つをつけている人がいます。これは飲食店のレビューで、そこのお店に行ったことのない人が「行ってないけど、料理がまずいことはわかるからオススメしない」と言っているようなもの。こんなのは読んでも何の参考にもなりません。

②コメントを書かなくても星だけがつけられる

本を読まなくても、コメントを書かなくても、星だけがつけられるとなると、星の数はいくらでも操作することができます。星5つをつけていて、レビューがその本しかなく、しかも発売日の直後に投稿してあったら、それはサクラの可能性が高いでしょう。実際に「星5つのレビューを書いてくれたらギフト券をプレゼント！」というようなキャンペーンが横行していたり、低評価のレビューは消すように依頼してくる人もいます。

また、その本が売れたら不利益を被る人や、その著者のことを気に食わない人が、意図的に星1つをつけて、本の評価を下げることもできます。

星1つをつける時期は、本が発売されてしばらく経ってからつけるのと、発売直後につけるのとでは全然意味が違ってきます。発売直後につけるというのは、明らかに狙ってやっていると捉えていいでしょう。

他にも、「指定した時間に届かなかった」「表紙や帯が破れていた」という理由で星

1つをつける人もいます。発送や梱包の不手際は著者の責任ではないので、本の評価とは関係ありません。

こういった背景を理解すると、「Amazonで高評価だったから購入してみました」とか、「Amazonで星1つが多い本は避けるようにしています」というのが、いかにリテラシーの低い行為であるか、おわかりいただけるでしょう。

③どんな人が書いているかがわからない

同じ本を読んでも、レビュアーのレベルによって評価は異なります。

本書も、池上彰さんや佐藤優さんのような〝読書の達人〟が読むと、すでに知っていることばかりで、つまらないかもしれません。でも、読書歴が浅い人や、これから頑張って読書していこうと思っている人にとっては新鮮で、ためになることが書いてあるかもしれません。誰かにとっては「当たり前」でも、自分にとっては「ありがたい情報」だったりします。Amazonのレビューは、書いた人のレベルがわからないので、あまり真に受けないほうがいいでしょう。

また、素性がバレないのをいいことに、著者への嫌がらせや、誹謗《ひぼう》中傷としか思えないようなことを書いている人もいます。特に星1つのレビューには、面と向かってはとても言えないような、「読み始めて5分でゴミ箱に捨てました」「トイレットペーパーとして使いました」「枕代わりにして寝ました」など、口汚い乱暴な言葉があふれていて、とても本の感想を書いているようには思えません。

職場や学校に、しょっちゅう暴言を吐いて他人を攻撃してくる人がいたら、なるべくかかわらないようにするでしょう。本選びでも同じように、罵詈雑言《ばりぞうごん》はサラリと読み流すことが大切です。

以上の3つの理由から、今や「無法地帯」になっているAmazonのレビューは信用できない、わざわざ時間をかけて読む価値がない、というのが私の考えです。

では、本を選ぶときは何を見ればいいのでしょうか。

レビュー検索で最も有効な方法──本のタイトルの「ハッシュタグ検索」

今は、ほとんどの方がＳＮＳのアカウントをお持ちだと思います。読書サイトで表示された「キーワードを含む本」を精査するときに最も有効なのは、**本のタイトルを「ハッシュタグ検索」すること**です。

本書の場合だと、「#失敗しない読書術」で検索すると、読んだ人の投稿が出てきますので、それを見て参考にする。これがＳＮＳ全盛の令和という時代にマッチした、最も効率の良い情報収集の方法です。

２０２３年７月現在、Twitter は課金しない限り１４０文字の文字制限がありますので、見るのは長文の感想が書かれている Instagram がオススメです。投稿には読んだ本の写真が一緒に載せられていることが多いので、表紙のビジュアルが印象に残りやすいという利点もあります。

というわけで、私はInstagramの読了投稿を日頃から大いに参考にしているのですが、Amazonのレビューと比べると、攻撃的な文章がきわめて少ないような気がします。これは、Instagramを「憂さ晴らしのための道具」ではなく、「自分の好きなものを紹介するツール」として利用している人が多いからでしょう。

誹謗中傷のようなレビューは、自分が言われていることではなくても、読むと心が痛みます。「品のない文章を目にする機会が少ない」という意味でも、Instagramのハッシュタグ検索はオススメです。

さらに読書の成功確率を上げるための3つの注目ポイント

Instagramのハッシュタグ検索で本を精査する以外に、読書の「成功確率」を上げるために、私が日頃から心がけていることを3つ紹介します。

①おもしろいと思った本の「編集者の名前」を覚えておく

ビジネス書や自己啓発書を読んだあとに、「すごくおもしろかった」「いろんなことを教えてもらえて勉強になった」と思えたら、その本を書いた〝著者の名前〟を覚える方は多いと思います。この人の考え方をもっと学びたいと、読んだ本が3冊目の著書だったら1冊目と2冊目もさかのぼって読んだり、それ以降の新刊を追うようになったり、いわゆる「著者買い」ですね。

私はいつも著者名を覚えるのと同時に、その本をつくった〝編集者の名前〟も覚えるようにしています。なぜなら、本は著者が一人だけの力で書くものではなくて、特にビジネス書や自己啓発書は編集者の意向が反映されることも多いからです。

「著者は8割まで頑張ればいい。あとの2割は編集者が頑張って売れる本にしてくれる」という言葉を聞いたことがあるのですが、自分がその本をおもしろいと思ったのは、編集者の2割の魔法の力が大きかったりします。

「キャッチーなタイトル」や「興味深い小見出し」は、編集者のワードセンスが秀逸な証。改行や空白行が適度に入っているのは、「読みやすさ」「見た目の快適さ」に気を配っているということです。

今は文字がギュウギュウに詰まっている本は敬遠されがちなので、少しでも多くの人に読んでもらいたいという思いが伝わってきます。これは本の内容以前に、とても重要なポイントですね。


本のデザイン的なことで言うと、私は「太字があまりにも多すぎる本」は読むのがストレスなので避けるようにしています。やたらと太字で強調するのが好きな編集者がいて、太字の量が多いだけでなく、太字の上からさらに蛍光ペンでマーカーを引いたような仕様になっている本があります。

いつも書店で見かけるたびに「どれだけ強調したいんだ！」「太字か蛍光ペン、せめてどっちかだけでいいのでは？」とツッコミたくなるのですが、編集者をチェックすると、毎回同じ人だったりします。読書の成功確率を上げるためには、「著者買い」

ならぬ「編集者避け」も大事です。

ちなみに編集者の名前は、本の最後の方にある「奥付」という、著者名や発行年月日が記載されているページを見ればわかります。そこに載っている「編集担当」が編集者の名前です。奥付に書いていない場合は、あとがきに「○○出版の編集者の●●さんには大変お世話になりました」というような形で名前が出ていることもあります。

おもしろいと思った本は、ノンストレスで最後まで読み切れたということですから、その編集者のワードセンスやデザイン感覚と相性がいい証拠です。ぜひ名前をチェックしてみてください。最近はTwitterやInstagramを本名でやっている編集者もたくさんいます。これまでに担当した本の一覧や新刊情報も載っていますので、フォローしておくのもオススメです。

②読みやすいと感じた本の「翻訳者の名前」を覚えておく

海外のビジネス書や海外文学の読みやすさは、翻訳者の力量に大きく左右されます。私は翻訳本のあの独特の文体がどうも苦手で、長らく敬遠してきたのですが、自分の中で2022年を〝翻訳本強化イヤー〟と位置づけて、たくさん読んでみたところ、「読みやすい翻訳本もある」という当たり前のことに気がつきました。

たとえば、NIKE創業者のフィル・ナイトさんの自伝『SHOE DOG』。これはNIKEが創業する前から株式上場をするまでの18年間が描かれているノンフィクションですが、日本語の違和感がまったくなく、夢中になって最後まで一気に読み切ることができました。

その後、『SHOE DOG』と同じ東洋経済新報社から出ている、『サードドア―精神的資産のふやし方』（アレックス・バナヤン）という本を読んでみたところ、これまたスムーズに読み進めることができて、大満足の読書タイムになりました。

この2冊をよく見てみると、両方とも翻訳者が大田黒奉之《おおたぐろともゆき》さんでした。読みやすかったのは、大田黒さんの翻訳の力量がすばらしかったからだということが判明し、私はこの翻訳者の方の名前を覚えて、これからも翻訳を担当された新刊を追っていこうと決めました。絶対に読みやすい（＝当たり本である確率が高い）と、読む前にわかっているからです。

出版社で言うと、ビジネス書の翻訳本は「海と月社」が出している本は読みやすいものばかりです。『ある広告人の告白』（デイヴィッド・オグルヴィ）や『人を魅了する』（ガイ・カワサキ）、『自分で「始めた」女たち』（グレース・ボニー）など、いずれもまじめな文章の中にウィットやユーモアがほどよくちりばめられていて、言葉が上滑りせずによく馴染んでいました。

海外文学は、「新潮クレスト・ブックスに外れなし」です。新潮社の海外文学のレーベルですが、新潮クレスト・ブックスの本は、どれも装丁が美しくて〝ジャケ買い〟したくなるものばかり。書店で手に取って眺めてみるだけでも、ちょっと美意識が上がるような気がします。紙の手触りが最高な上に、字もちょうどいい大きさでデザイン的にもストレスがない。作品の内容以外にも、本当に細かいところまですごく気を使って、一冊一冊丁寧につくられているのがよくわかります。

このように、自分の中で〝書籍のクオリティ〟を信頼できる翻訳者や出版社を見つけると、「翻訳者買い」「出版社買い」をすることができます。これも読書の成功確率を上げるための有効な方法だと思います。

③タイトルに「自分ごととして感じられるキーワード」が入っている本を選ぶ

タイトルに「自分ごととして感じられるキーワード」が入っている本は、共感するフレーズが書いてあることが多いです。たとえば、私は左利きなのですが、『すごい左利き』（加藤俊徳）や『左利きあるある　右利きないない』（左来人）という本には、左利きならではエピソードがたくさん書かれていて、首が千切れるくらいうなずきながら読みました。

2022年の年間ベストセラーランキング・文庫部門の第1位に輝いた『三千円の使いかた』（原田ひ香）という小説がありますが、これはタイトルの金額が〝三千円〟だったのが良かったのだと思います。三千円なら財布に入っている人も多いでしょう。その使いかたがタイトルになっていると、「何か自分に参考になることが書いてあるかもしれない」と思いますよね。もしタイトルが『三億円の使いかた』だったら、リアリティがない金額なので、手に取る人は確実に減っていたのではないでしょうか。

これは逆に言うと、ベストセラーを狙うには、多くの人に自分ごとだと思ってもらえるようなタイトルをつけないといけない、ということでもあります。


私はInstagramに読んだ本の情報を投稿しているのですが、フォロワーの属性を年齢別に見ると、アラフォー（30代と40代）がボリュームゾーンになっています。そのため、『40歳だけど大人になりたい』（王谷晶）、『「40歳の壁」をスルッと越える人生戦略』（尾石晴）、『40歳を過ぎたら生きるのがラクになった』（アルテイシア）のように、「40歳」というキーワードがタイトルに入っている本を紹介すると、いつもよりも保存数がかなり多くなります。これは、実年齢と照らし合わせて、自分ごとのように感じる人が多いからでしょう。

タイトルに「自分ごととして感じられる言葉」が入っている本は、明らかに著者のターゲットに合致しているので、読むと、まるで自分に向かって言われているような気分になります。当然、心に響くフレーズも多くなりますので、ぜひ読んでみてくださ い。読む前に本のタイトルをハッシュタグ検索して、内容を確かめることもお忘れなく！

おもしろい本と高確率で出会っている人がやっていること

第2章の終わりに、「量をこなすことで質が高まる＝量質転化の法則」の話をしました。日頃から多くのキーワードを見るようにすれば、〝キーワードの目利き〟になれるという意味ですが、これは本選びにも当てはまります。

たくさんの本を見る（＝情報を得る）ことで、おもしろい本と出会える確率が上がることは間違いありません。

そこで、私が日頃から欠かさずにやっている「ルーティン」を3つ紹介します。

①週に一度、書店パトロールをする

〝書店めぐり〟という表現のほうがマイルドでいいのかもしれませんが、「おもしろそうな本は絶対に見逃さない」という思いを込めて〝書店パトロール〟としました。

私はどんなに忙しくても、週に一度は必ず書店パトロールをしています。もはや無意識のルーティンと言ってもいいくらいです。

それも、紀伊國屋書店やブックファーストのような大型書店と、自宅の最寄り駅にある書店、あえて規模の違う2つの書店に行って、それぞれの棚がどんなふうに変わっているかを毎週、定点観測しています。最寄り駅の書店は売り場の面積が狭いため、大型書店に比べると本の回転が速く、「売れない本はすぐに店頭から姿を消してしまう」という厳しい現実を実感します。

② Kindle Unlimited の「今月の新着タイトル」をチェックする

Kindle Unlimited とは、Amazon が提供している書籍・マンガ・雑誌などの定額制読み放題サービスです。月額980円で200万冊以上の本が読み放題ということで、私はもちろん利用しているのですが、毎月更新される「今月の新着タイトル」はすべての本をくまなくチェックしています。

月初めのルーティンとして、「日用品の在庫チェック＆まとめ買い」をされている方もいらっしゃるでしょう。私は「新着タイトルのチェック＆おもしろそうな本をまとめてダウンロード」をしています。

③図書館の「今日返却された本」のワゴンをチェックする

私は、住んでいる区とその隣の区で2つカードを作って、図書館を〝ダブル使い〟していているのですが、図書館に行ったときにいつもチェックしているのは、「今日返却された本」のワゴンです。

おそらくどこの図書館にもあると思うのですが、ここは本当に宝の山です！

このワゴンを見ずに素通りしている人は、確実に人生損しているんじゃないかと思うぐらいです。ついさっきまで、誰かがいいなと思って借りていた本、読み終えたばかりでまだ熱量が残っている本がジャンルレスに並んでいる。これは言わば、知らない人の「選書コーナー」のようなもの。自力では絶対に見つけられなかった本も多く、眺めているだけでもすごく楽しいです。図書館ユーザーの方は、これからぜひチェックしてみてください。

当たり本を引き当てるためには、「選書のセンス」を身につける必要があります。これは決して生まれ持った才能ではなく、日々の情報収集の賜物です。常にアンテナを張り巡らせて、たくさんの本を見る。その手間を惜しまないようにしましょう。

ここまで、読書の〝事前準備〟として、「キーワードを設定すること」「キーワードが出ていると思われる本を選ぶこと」について、詳しく説明してきました。次の第4章からは、いよいよ実践篇です。

第4章

どんな本を読んでも失敗にしない技術

時間をかけて本を選んでも、期待どおりにはいかないこともある

実際にキーワードを頭に入れて本を読むと、さまざまなパターンに遭遇します。まずは、設定したキーワードがたくさん出てきて、欲しい情報がとれた。これはまさに理想的な読書です。わかりやすく言語化・体系化された知識に触れると、「この本を読んで良かった」と満たされた気持ちになるでしょう。すでに知っていたことであっても、科学的根拠があることがわかると、自信の土台になります。

このパターンはマラソン大会でいうと、予定どおりのペースで快調に走って、自己ベストが出たみたいな感じでしょうか。

でも残念ながら、現実の読書はこううまくいくことばかりではありません。時間をかけて調べて、キーワードに一致する本を選んだとしても、期待どおりにはいかないこともあります。

沿道から野次を飛ばされたり（著者にキーワードを否定されたり）、途中で急にペースメーカーがいなくなったり（キーワードが出てこなくなったり）、新たなライバル（キーワード）が現れたり……。

思いどおりにいかないときこそ、気持ちの切り替えが大事です。

読みながらどのように対応すればいいのか、パターンごとに説明します。

設定したキーワードは出てきたが、著者に否定されてしまった場合――パターン①

たとえば、あなたが自社製品の売上アップのために、マーケティングを勉強しようと思ったとします。そこで本を読む前に、頭の中に「マーケティング」というキーワードを設定しました。

▼読む前に設定したキーワード＝マーケティング

マーケティングには、「マーケティングミックス（４Ｐ）」と言われる有名なフレームワークがあります。Product（製品）、Price（価格）、Place（流通）、Promotion（プロモーション）という4要素を指すのですが、この「４つのＰ」について深く掘り下げて説明している本があったら、ドンピシャな感じがしますよね。

そこで、４Ｐのことが書いてあるだろうと期待して、経済ジャーナリストで経営者でもある木暮太一さんの『どうすれば、売れるのか？』という本を読んだところ、次のようなフレーズがありました。

「マーケティングを考える前に、商品が持つコンテンツを考える」

あなたは、マーケティングのことが知りたかったのです。

「マーケティングを学ぶぞ！」と意気込んでいたのに、いきなり「その前に考えないといけないことがある」なんて言われたら、出鼻《でばな》を挫《くじ》かれたような気分になりませんか？

これは設定していた「マーケティング」というキーワードを、著者に否定されてしまった形です。さて、どうするか？

「目指すゴール」が同じなら、投げ出さずに粘る

ここで、別のわかりやすい事例を挙げてみます。

たとえば、あなたが富士山に登るために、山登りのガイド本を買ったとします。富士山には、①吉田ルート、②須走ルート、③御殿場ルート、④富士宮ルート、全部で4つの登山ルートがありますが、その中でも圧倒的一番人気で、山小屋や救護所の数が多い「吉田ルート」で登りたいと思っていました。

▼読む前に設定したキーワード＝吉田ルート

しかし、いざ読み始めてみると、著者は最短距離で登頂できる「富士宮ルート」がお気に入りの模様。ページをめくれどめくれど、富士宮ルートの解説ばかり。それどころか「吉田ルートは4ルートの中で最も登山者数が多く、山頂付近で〝ご来光渋滞〟が起こるのでオススメしない」と書いてありました。これも、設定したキーワードが著者によって否定された形です。

ここで考えなければならないことは、「目指すゴール」（＝目的）が同じかどうか。

あなたのゴールは「富士山に登頂する」こと。そのために利用するのは、絶対に吉田ルートでないといけないんでしょうか。冷静に考えてみると、別に富士宮ルートでもいいですよね。

「そんなに富士宮ルート推しなんだったら、その理由を納得できるように説明してみろよ」

突然、言葉遣いが荒くなって失礼しましたが、キーワードを否定されたときは、「では、いったいどんな代替案があるんですか？」と著者を試すようなつもりで、若干の〝上から目線〟で読めばいいのです。

何事も正解は1つではないし、ゴールまでのプロセスは無数にあります。自分では思いもつかなかった他人のアイデアに、ちょっと耳を傾けてみるわけです。

目指すゴールが同じで、最終的に「やりたいことが実現できそう」「なりたい自分になれそう」なら、途中で投げ出さないで、いったん著者がオススメするキーワードに乗っかってみましょう。ひとまずこのガイド本からは、富士宮ルートの情報を集めてみるようにします。

▼脳内のキーワード＝「吉田ルート」から「富士宮ルート」にアップデート

さて、ここで先ほどのマーケティングの話に戻ります。

あなたのゴールは、「自社製品の売上アップ」でしたね。そのために、マーケティングを勉強しようと思ったところ、著者に「マーケティングを考える前に、商品が持つコンテンツを考えろ」と言われてしまいました。

この本のタイトルは『どうすれば、売れるのか?』ですから、モノを売るための方法が書いてあるはず。つまり、目指すゴールは同じ。ここは粘るべきですよね。

▼脳内のキーワード＝「マーケティング」から「コンテンツ」にアップデート

「マーケティングの前に〝商品が持つコンテンツ〟とやらを考えないといけない理由を、納得できるように説明してみろよ」

またまた言葉遣いが荒くなってしまいましたが、いったん頭の中のキーワードを「マーケティング」から「コンテンツ」にアップデートして、著者の代替案を聞いてみることにしましょう。

すると、

・商品のコンテンツに魅力がなければ、話は始まらない。
・魅力がない商品を、いくら宣伝しても売れない。
・テレビＣＭがバンバン流れていても、そもそも欲しくない商品を買うことはない。
・だからまずは、その商品を魅力的にすること。
・その商品に魅力的なコンテンツを持たせなければいけない。

実にわかりやすく、筋道の通った説明がなされていました。

これは、本書に当てはめて考えてみると腑《ふ》に落ちます。

一人でも多くの読者に届けたいと思っていますが、いくら新聞に広告を出してもらったり、書店で目立つ場所に置いてもらったとしても、肝心の中身がおもしろくなければ絶対に売れません。芸能事務所がゴリ押ししたタレントの人気が長続きしないように、〃中身のない本〃を出版社の力だけでベストセラーにすることは難しいですよね。

読書前は「売上アップの方法＝マーケティングを勉強する」が正しいと思っていたのに、読書後には、コンテンツを磨くことが何より大事だと思うようになった。

キーワードを否定されても、「ゴールは同じだから」と粘って著者の主張に耳を傾けた結果、それまでの自分の固定概念を覆される。こんな考え方があるんだと、脳みそがパカーンとなる。これも読書の大切な側面であり、醍醐味でもあると思います。

設定したキーワードが全然出てこない場合――パターン②

キーワードを設定して読み始めても、全然出てこない（あるいは途中から出てこなくなる）こともあります。

世の中には、タイトルと中身が一致していない本や、タイトルと一致した内容が書かれているのは「全体の中で1つの章だけ」、ひどいものは「数ページだけ」という本が存在します。

第1章の『村上座談会』で言うと、春樹さんが前半で帰ってしまった、みたいなパターンです。こうなると必然的に、後半は「春樹」というキーワードは出てこなくなります。ハルキストなら文句の1つも言いたくなるでしょう。こんな本を選んでしまった自分の〝引きの弱さ〟を嘆きたくもなります。

でも普段、Googleで何かを調べたとき、思いどおりの結果が出なかったら、速やかにキーワードを変更して再チャレンジしますよね。「役に立たない情報ばかり表示しやがって、Googleいい加減にしろよ」とは思わないはずです。

インターネットも読書も、活字媒体から情報をとるということでは同じ。それならば、読書でも同じように、臨機応変にキーワードを変更すればいいと思いませんか？

ここで実際に、私が読書中にキーワードを変更した事例を挙げてみます。

ジェニファー・L・スコットさんの『フランス人は10着しか服を持たない』という本をご存じでしょうか。印象に残るティファニーブルーの表紙でベストセラーになりましたので、きっと読まれた方も多いでしょう。

私は最初、このタイトルを見たときに、「片付け」か「断捨離」の本だと勝手に思い込んでしまいました。

作家の林真理子さんが、自宅のクローゼットの洋服の山を「チョモランマ」とたとえていますが、当時、私の家にも「高尾山」くらいの山ができていました。普段は扉を閉めているので見えないのですが、「高尾山を隠すためだけに存在しているクローゼット」のことが、心のどこかでずっと気になっていたのです。

そんなときにこの本の存在を知って、発売されたのが10月でちょうど衣替えの時期だったこともあり、「高尾山をなくしたい」という一心で購入しました。日本には四季があるので10着とはいかないかもしれないけれど、本からヒントを得て少しでも服を減らせたらいいな、と。

▼読む前に設定していたキーワード＝クローゼット、服を減らす、断捨離

ところが……。読み始めてから気づいたのですが、この本は「片付け」の本ではなく、アメリカ人の著者がフランスに留学したときの「体験記」でした。フランス人のシックな生き方がテーマごと（食事、インテリア、エクササイズ、メイクなど）に紹介されていて、その中の1つの項目として「ワードローブ」がありました。

ホームステイをした家のクローゼットがとても小さくて、扉を開くとハンガーが10個くらいしかなかった。その10着のワードローブの中身については詳しく書かれていて、とても興味深く読めたのですが、知りたかったのは服を減らすための「具体的なメソッド」。なんだか肩透かしを食らったような気分になりました。

さて、どうするか？

個人的な話で恐縮ですが、私は読書以外のもう1つの趣味がマラソンです。ホノルルマラソンやゴールドコーストマラソンなど、海外の大会にも出場経験があり、ヨーロッパのレースにも出たいと思っていました。その候補として、ベルリンマラソン、ロンドンマラソンとともに、「パリマラソン」も考えていたのです。

いつかは走ってみたいパリマラソン。そのときがきたら『地球の歩き方』を買ったりして、勉強することになるフランスの文化やマナー。知っておきたいフランス人のライフスタイル。それが書いてある本が目の前にある。

「だったら今、学べばいいんじゃないの？」

▼変更後のキーワード＝フランスの文化、フランスのマナー、フランス人のライフスタイル

というわけで、読書中にキーワードの変更を決断。

すると、それまで埋没していた「ワードローブ」以外の項目が、急に輝きを放って目に飛び込んでくるから不思議です。

「フランス人はものを食べながら歩いたりしない」（自分もしないようにしよう）、「フランスでは同じ服を1週間に2、3回着るのは当たり前」（必要最低限の服だけ

持って行こう）

など、未来のパリ遠征の予習ができて、結果的に大満足の読書になりました。

頭の中にたくさんの「潜在的なキーワード」を抱えておく

たとえば、会社の昼休みにいつも通っているお店にランチに行ったところ、「本日臨時休業」という貼り紙がしてあったとします。予想外の展開に一瞬、戸惑うかもしれませんが、他にも近くに知っているお店があったら、難なくスライドできますよね。

そうして訪れた二軒目のお店の料理がおいしかったら、食後にこう思うでしょう。

「思っていたのとは違ったけど、これはこれで良かった」

これは私が、『フランス人は10着しか服を持たない』を読み終えたときに抱いた気持ちでもありました。〝本命のお店〟に行けなくても、〝本命の情報〟がとれなくても、自分の中にある〝行きたいお店〟や〝知りたい情報〟のストックを活用すれば、「思っていたのと違う」を「これはこれで良かった」に上書きすることができるのです。

〝知りたい情報〟のストックとは、「潜在的なキーワード」と考えるといいでしょう。

「潜在的＝外からは見えないで内部に隠れて存在する」という意味ですが、私にとっては「パリマラソン」がまさにそうでした。心から渇望していたわけではなく、普段は特に意識もしていなかったけれど、確かに自分の中で叶えたい夢として存在していました。

時間ができたら詳しく調べようと思っているデータ。放置している懸念事項。「あとでやる」に入れているTo Do List……。

読書が得意な人は、〝本命の情報〟がとれないと気づいたときに、これらの「潜在的なキーワード」を心の奥底から引っ張り出して、目の前の本の内容と関連づけることがとても上手です。

だからどんな本でも、何かしら自分に必要な情報をとることができるわけですね。

心に引っかかっているのに、「急ぎではないから」とつい後回しにしてしまっていること。じっくり向き合わないで避けていること。

「潜在的なキーワード」とは、つまり**「緊急ではない重要事項」**なのです。スティーブン・R・コヴィー博士の著書『7つの習慣』によると、この「緊急ではない重要事項」をどれだけ行なったかで、その人の人生が決まると言われています。

設定したキーワードが全然出てこない、思いどおりに情報がとれない、ということは、自分の中の「緊急ではない重要事項」と対峙する絶好のチャンスです。読書中に**「潜在的なキーワードをどれだけ引き出せたか」**で、今後の人生が決まると言っても過言ではありません。

縁があって一度は手にした本です。思い描いていた内容（球種）と違ったからと言って、すぐにページを閉じる（あっさり空振りする）のではなく、あきらめずにキーワードを変更（何とかバットに当てようと）して粘ってみる。最終的に、「これは良かった」（ホームラン本）と思える読書に持っていきましょう。

想像した内容とは違ったけど、これはこれで良かったと思えた2冊

『フランス人は10着しか服を持たない』のように、タイトルから想像していた内容とは違ったけれど、「これはこれで良かった」と思えた本を2冊紹介します。

まず1冊目は、原田ひ香さんの『母親からの小包はなぜこんなにダサいのか』です。最初にこのタイトルを見たときは、「毒気のある家族エッセイかな？」と思いました。ところが、読んでみると「想いを込めた小包」がテーマの母娘の心温まる短編集で、いい意味で〝タイトル詐欺〟に遭ったような気分になりました。現在、親元を離れて暮らしている方に、ぜひオススメしたい小説です。

そしてもう1冊は、長嶺超輝さんの『裁判官の爆笑お言葉集』です。タイトルに〝爆笑〟というキーワードが入っていたので、「裁判官のおもしろいセリフを集めた名

言集かな？」と思いましたが、正直、笑えるような言葉は少なかったです。クスッとなる言葉がたまにある程度でした。

ただ、爆笑することはできなくても、普段はなかなか聞く機会がない裁判官の言葉をたくさん知ることができました。また、まじめに判決文を読み上げるだけでなく、意外と人間味のある方もいらっしゃることがわかり、裁判の傍聴にちょっと興味が湧いたりもして、最終的には「読んで良かった」と思える読書になりました。

設定したキーワードが出てこなかったからと言って、想像していた内容とは違ったからと言って、必ずしもその読書が失敗だとは限りません。「これはこれで良かった」となるパターンもあることを覚えておいてください。

読み進めるうちに、気になるキーワードが出てきた場合——パターン③

2018年6月8日、私は東京国際フォーラムで行なわれた「オリンピックコンサート」に行きました。これは、オーケストラの生演奏を聴きながら、過去のオリンピックの映像を見て、平昌五輪のメダリストのトークもあり、というなんとも贅沢なイベント。お目当ては、スピードスケートの小平奈緒選手と高木姉妹でした。

▼行く前に設定していたキーワード＝小平奈緒、高木菜那、高木美帆

このイベントの途中で、ゲストアーティストとして歌手の森山直太朗さんが出てきたのですが、歌ってくれた「今が人生」という曲があまりにもすばらしいものでした。壮大なオーケストラ、NHK東京児童合唱団のコーラス、森山さんの圧倒的な声量。この3つが見事に融合したド迫力のステージは、本当に感動的で、私の頭の中は完全

に「直太朗一色」になってしまいました。

▼新たに追加されたキーワード＝森山直太朗

このように、本命のキーワードに一途に向かって行った結果、それまで頭の片隅にもなかった新たなキーワードが追加されるという現象は、読書においても発生します。中身が詰まった本や、固有名詞がたくさん出てくる本ほど「多発する」と言ってもいいかもしれません。

キーワードを設定して、それが出ている本を読むという方法は、「なんだか、そのまんまでおもしろみがない」とか「自分に都合の良い情報しか集まらない」と思うかもしれませんが、キーワードと直接関係ないことにも興味を抱いてしまうのが人間というもの。

スーパーに行ったときも、最初は持参した「食材メモ」のキーワードを見ながら選んでいたのに、気づいたら魅力的に見える予定外の食材をカゴに入れていたりするでしょう。読書もそれと同じです。

たとえば、本書の読者の中で、読む前に「クリッピング」というキーワードを設定していた人はいなかったと思います。むしろ、「そんな仕事があるなんて知らなかった」という人がほとんどでしょう。実際に、第2章で紹介した「ラッコキーワード」で「読書×く」のサジェストキーワードを検索してみたところ、

【読書×く】……クッション、空間、クラシック、首が痛い、苦痛、工夫……

「クリッピング」は予測変換に出てきませんでした。

でも、ここまで読み進めるうちに、気になってきた人もいるでしょう。活字中毒の人にとって、朝から晩まで文章を読み続けてお金がもらえるというのは、〝好きを仕事〟にできる夢のような話です。「自分もやってみたい」と興味を持った人が一人ぐらいいても、おかしくないですよね。

また、ここまでいろいろな事例を挙げながら説明してきましたが、この第4章だと

「富士登山」「パリマラソン」「オリンピックコンサート」なども気になった人がいるかもしれません。

▼本書を読み進める中で、あなたが新たに追加したキーワード（推測）＝
　クリッピング、富士登山、パリマラソン、オリンピックコンサート……

目に留まるキーワードには、何らかの理由があります。

以前から密かに気になっていたものだったり、自分の生活に身近なものだったり。自覚していなかったけれど、実は求めていたものだった、ということもあるかもしれません。そして、これらのキーワードが、スティーブ・ジョブズが言っていた「コネクティング・ザ・ドッツ」、のちの人生で起こる出来事の〝伏線〟になったりします。

人間の気持ちが変わりやすいことをたとえた「男心と秋の空」「女心と秋の空」ということわざがありますが、1冊の本を読むほんの数時間の間にも、私たちの価値観や好みはどんどん変わっていくものです。

『村上座談会』でも、最初は「春樹」目当てで読んでいたけれど、だんだん「龍」のコメントに魅力を感じてきた。「宗隆」も大きな声でハキハキ喋っていて気持ちがいいし、何者かよくわからない「悠子」も、意外にいいことを言っている。このような心境の変化は、往々にして起こるものです。それだったら、途中でキーワードを「村上春樹」から「気に入った人物の名前」にアップデートして読み続ければいいのです。**想定外の「NEW WORD」に出会えるのは、読書の魅力の1つ**です。気になったキーワードはスルーしないで、頭の中にどんどん追加していってください。

基本は読む前に設定したキーワードを必死に探しながらも、偶発性を楽しむスタンスで読書をしましょう。

「途中で読むのをやめた本」は失敗!?

私のInstagramを見たフォロワーの方から、「紹介されている本が全部おもしろい」

とか「読みたくなる本ばかりです」と言われることがあるのですが、これは私の選書のセンスが良いのではなく、おもしろいと思った本しか載せないようにしているからです。この裏では、つまらない本もたくさん読んできましたし、途中で読むのをやめた本も実はたくさんあります。

読んでみたけれどおもしろくなかった。つまらなかったから途中でやめた……。

これを漢字2文字で言い換えると、失敗……ではなく〝経験〟になります。

そういう意味で、読書に関してはたくさんの経験を積んできた私が、これまでに「途中で読むのをやめた本」から学んだことを、3つ紹介します。

①登場人物が多すぎて名前を覚えられない小説は、「ネットに相関図が出ているかもしれない」と考える

私が読むのを途中でやめるパターンとして、小説で「登場人物が多すぎて名前を覚えられない」というものがあります。

ロシア文学で有名な、トルストイの『アンナ・カレーニナ』はこれで挫折《ざせつ》しました。それでなくても、ロシア人のカタカナの名前は覚えにくいのに、〝ヴロンスキー〟と〝オブロンスキー〟というよく似た名前の2人が出てきたりして（日本人の名前で言うと、山田と小山田みたいな感じでしょうか）、頭の中が大混乱。途中で心が折れて、読み進めることができなくなってしまいました。

もう1冊、こちらはなんとか読み切った本ですが、伊坂幸太郎さんの『アイネクライネナハトムジーク』は群像劇で、かなり登場人物が多く、これまた頭の中が大混乱。でも、伊坂さんの小説は「何ページかに1回は、必ずハッとするフレーズがある」という信頼があったので、途中でやめると素敵なフレーズを見逃してしまうと思い、我慢に我慢を重ねて読了しました。

私がこの2冊から学んだことは、ネットに人物相関図を載せてくれている親切な人がいる、ということです。

「アンナカレーニナ×相関図」「アイネクライネナハトムジーク×相関図」で画像検索をすると、〝ひと目でわかる人物相関図〟を発見。クリックすると、めちゃめちゃわかりやすくまとめられているではありませんか！　名前だけでなく、矢印で関係性も書いてありました。

最初からこれを見ながら読めば良かったのです。読み終えてから気づいたことが悔しくてならないのですが、同じ思いをする人を少しでも減らせたら……という思いで、今これを書いています。

今後、小説を読んでいて、「登場人物多いなぁ」「ちょっと覚えられないかも」と読み進める手が止まりそうになったときは、あきらめる前にネットで「本のタイトル×相関図」で検索してみてください。もし便利な画像が出てきたら、ありがたく利用させてもらいましょう。名前を覚えるのが得意な方は、〝まとめる側〟に回るのもいいと思います。

②「読んではいけない著者の名前を知ることができた」と考える

ビジネス書や自己啓発書で「同じことを何度も繰り返して言っている本」は、途中で見切りをつけて読むのをやめることがあります。

以前、ある著者の方が、「ビジネス書を書くときは、デパートを意識している」と語っていました。

デパートは1階に足を踏み入れたときに、いつもと違う世界に入る、まあ本の世界に入るということですね。そこから2階、3階と上の階に行くにつれてちょっとずつ内容の難易度を高めていくと、最後に屋上に出たときには、スカッとした爽快感がある。こういう構造にすると「読んで良かった」と思ってもらえる確率が高いらしく、本書もデパートを意識しながら書いています。

それで言うと、「同じことを何度も繰り返して言っている本」は、ずっとデパートの1階をグルグル回っているだけで、まったく上に行かない状態なわけです。「化粧品売り場に何時間滞在しているんだ！」とツッコミを入れたくもなりますよね。どれだけ読んでも、この先、上の階に行けそうな予感がしない。

そういう本を読んでしまったときは、私は必ず著者の名前を覚えて、二度と読まないようにします。

スティーブ・ジョブズが「何をしないのかを決めるのは、何をするのかを決めるのと同じぐらい大事だ」と言っていましたが、読書でも〝読まない本〟を決めておくことは大事です。

同じことを何度も繰り返して文字数を稼いでいるのは、1冊の本を書き切るだけのネタがないということ。それを見抜くことができたのだから、その読書は決して失敗ではありません。**「この著者の本は読んではいけないという、フィードバックを受け取ったのだ」**と思うようにしましょう。

③「今はこの本を読むタイミングではなかった」と考える

「途中で読むのをやめた本」と言うと、書籍のクオリティに問題があると考えがちですが、実はすごく素敵な本なのに、たまたまそのときの自分とタイミングが合わなかっただけ、ということもあります。同じ本でも、それを読んだときの自分の年齢や社会的な立場によって、「共感できる・できない」は変わってくるものです。

たとえば、朝井リョウさんの直木賞受賞作の『何者』。これは就職活動の話ですが、中学生や高校生が読んでも、あまりピンとこないのではないでしょうか。シニア世代の方が読んだ場合も、もはや遠い昔の出来事でよく思い出せないかもしれません。

でも、リアルタイムで就活をしている大学3年生や4年生が読むと、まるで自分ごとのように登場人物に感情移入するでしょうし、社会人2、3年目の人が読むと、「就活でこういうことあったなぁ」「自分もお祈りメールをいっぱいもらったなぁ」と、ちょっと懐かしく思えたりします。

一度しかない人生の、然るべきときに然るべき本に出会えるかという〝引きの強さ〟も、読書の成功確率を上げるための重要な要素になってきます。

また、タイミングが合わないのは自分自身だけでなく、「世の中の流行」と合わなかったパターンもあります。

〝コロナ禍の予言の書〟と話題になった、高嶋哲夫さんの『首都感染』。あらすじをサラッと紹介しますと、「中国で致死率60％の強毒性新型インフルエンザが出現。恐怖のウイルスが世界に、そして日本へと向かった。パンデミック阻止のため、空港での検疫が徹底されたが、ついに都内にも患者が発生――」。

このシチュエーション、あまりにもコロナ禍の日本と似ていると思いませんか？

でもこの小説が発表されたのは、２０１０年。発売直後に読んだ人は現実味を感じられなかったと思いますが、10年後に読むとあまりにもリアルで、ノンフィクションのように思えたはずです。

このように、一度読んでイマイチだなと思った本も、数年後に再読したらすごく内容に共感できることがあります。自宅に所蔵するスペースがあるなら、手元に置いておくと、いつか〝宝物〟になる日がくるかもしれません。

クリッピングの現場で「キーワード」が出ないとき、どう対処しているのか？

本章では、読書をしていて〝本命のキーワード〟の情報がとれないときに、

「著者がオススメのキーワードに乗っかってみる」

「頭の中に抱えている潜在的なキーワードと結びつける」

「新たに気になったキーワードを追加する」

という対処法を紹介してきました。

クリッピング調査の現場でも、クライアントから依頼されたキーワードが、新聞にも雑誌にもまったく載っていないことがあります。第2章で「新庄ハムの発表会」がビッグニュースと重なって、新製品の記事が載らないという事例を挙げましたが、大きな事件があったわけではないのに〝素〟で載らない場合もあります。

人間は誰しも、自分のことは過大評価してしまうものです。「うちの会社が新製品

を発表したんだから、きっと大きな記事になるはずだ」と思っても、ネットと違って、新聞はあらかじめスペースが決まっているため、ニュース性や社会的な価値がなければ掲載を見送られてしまいます。

キーワードが含まれる記事が全然見つからない。調査料金は払わなければならない。クライアントとしては、このまま泣き寝入りするわけにはいきませんよね。

そこで相談をして、キーワードの変更を行ないます。これは決して、珍しいことではありません。

キーワードの変更方法は2つあります。

1つ目は、キーワードをより露出が見込まれるまったく別のものに変えてしまう。そして、もう1つは「テーマ調査」に切り替える。このテーマ調査というのが、実は読書にも応用することができて、とても有益です。

次の第5章では、「テーマ調査」とはいったいどういうサービスなのか、キーワード調査との違い、具体的な読書への取り入れ方について詳しく説明していきます。

第5章

読書で
さらに欲しい情報を
吸収する秘策

2種類のアンテナを縦横無尽に張り巡らせる

何度もお伝えしていますように、クリッピング会社は、クライアントが欲しい情報に含まれる「キーワード」で注文を受けます。これは「キーワード調査」というものですが、実はもう1つ、「テーマ調査」というサービスも行なっています。

キーワード調査は、ピンポイントで欲しい情報をとりにいくのに対して、テーマ調査は「〇〇〇に関する記事」というように、そのキーワードが属する「業界全体の動向」を調べるようなイメージです。

「メジャーリーグではどんな選手が活躍しているのか」
「どんなSNSがこれから流行りそうか」
「今はどんなアニメが人気なのか」

キーワード調査	テーマ調査
大谷翔平	メジャーリーグに関する記事
TikTok	SNSに関する記事
鬼滅の刃	アニメに関する記事
自分株式会社	???

など、テーマ調査で集めた情報が、結果的に「大谷翔平」「TikTok」「鬼滅の刃」の役に立つ。本命のキーワードの花を咲かせるための、〝肥料〟のような役割を果たすのがテーマ調査です。

プロの調査員は、新聞や雑誌を読みながら、「キーワード調査」と「テーマ調査」の2つを同時に行なっていますので、読書でも同じことができます。

そこであなたにも、欲しい情報である本命の「キーワード」と、今後の自分自身の成長につながるような「テーマ」。この両方を頭に入れて、本を読むことにチャレンジしてもらいたいのです。

「キーワード」と「テーマ」。2種類のアンテナを縦横無尽に張り巡らせると、1冊の本から本当にたくさんの情報をとれるようになります。

もし「キーワード」が思うように見つからなくても、「テーマ」で挽回すれば、読み終わったあとに一定の満足感を得ることができます。最初は難しく感じるかもしれませんが、ここはぜひついてきてください。

では、今から、読書をする際にオススメのテーマを5つ挙げてみます。読んで良かったと思う本には、これらが書いてあることが多いのです。該当するフレーズを集めると、「自分株式会社」がどんどん成長していきますよ！

初めて知った知識を吸収する――テーマ①

本を読むことの楽しさは、やはり「知らなかった世界を知れる」ということに尽きると思うのです。その道の専門家が出した本には、自分の知らないことがたくさん書いてあります。だから、本を読むときのテーマとしては、まず「初めて知った知識」

が書いてあるフレーズに注目してみてください。

私のオススメは、三五館シンシャの「日記シリーズ」です。これは住宅営業マン、メガバンク銀行員、交通誘導員、マンション管理人、コールセンターの派遣オペレーターなど、さまざまな職業に従事している中高年の方が、仕事の現場での出来事や苦労話を赤裸々に綴った〝職業体験記〟のシリーズで、読むたびに知らなかった世界を教えてもらえます。

内田正治さんの『タクシードライバーぐるぐる日記』には、酔って寝てしまった客の起こし方として、「携帯電話の着信音の音を鳴らして、お客さんの耳にあてると、ほぼ100％の確率で自然に目を覚ました」と書いてありました。

これは私たちの日常でも使えそうな気がしませんか？　寝ている人を無理やり叩き起こすのではなく、耳元で携帯の着信音を鳴らしてみる。ぜひ一度試してみてください。

また、笠原一郎さんの『ディズニーキャストざわざわ日記』では、キャスト（従業員）がパーク内を清掃中に、ゲスト（来園者）から「何を集めているんですか？」と聞かれたときは、「夢のカケラを集めています！」と答えると書いてありました。近々、ディズニーランドに行く機会がある方は、尋ねてみてはいかがでしょうか。

このように、読書によって知識が増えると、ちょっと自信がつきます。著者から教えてもらったことを、実生活で試してみるのも楽しいですよね。

昨日よりも今日、1日多く生きても、自分の成長はなかなか実感できないものですが、「初めて知った知識に該当するフレーズを見つけた＝着実に自分が1つレベルアップした」という証になります。他には、初めて知った「慣用句」「ことわざ」「四字熟語」なども見落とさないように、どんどん吸収していきましょう。

今すぐ真似できそうな著者の行動を吸収する——テーマ②

第1章でもお伝えしたように、ビジネス書は自分の「良くないところ」や「うまくできないこと」を変えたいと思って読むものです。「A↓B」に変化するためには、本を読んだあとに何か1つでも「現実の行動」を変えないといけません。SayやThinkだけではダメ、大事なのはDoです。

そこで、ビジネス書を読むときは、「精神論」ではなく「行動」が書いてあるフレーズに注目してみてください。と言っても、著者とあなたは社会的な地位・年収・ライフスタイルが違いますから、すべてを真似しようとするには無理があります。

たとえば、

「満員電車が嫌いなので、毎日タクシーで通勤しています」
「新幹線はいつもグリーン車です」
「飛行機は必ずファーストクラスに乗ります」

などと書いてあったら、私は正直こう思います。「そりゃ、あなたはできるかもしれないけどね」と。自分もやれるものならやりたいのですが、現時点ではそれができる立場ではない。この〝冴えない現実〟や〝低空飛行の人生〟を少しでも変えたいから、本を読んで一生懸命勉強しているわけです。

でも、「この人とは世界が違う」と早々にページを閉じる……のはもったいない！

ほとんどは別世界の話だったとしても、1冊の本をよく読めば、少しくらいは「今の自分にもできそうなこと」「自分の人生に取り入れられそうなこと」も書いてあるものです。それを目ざとく見つけて、実行しましょう。

たとえば、堀江貴文さんの『多動力』に書かれていた行動パターンだと、

「経費や交通費の精算を自分でやらない」

「大事な会議でスマホをいじる」

これらを今の私の職場環境に当てはめて考えたとき、ちょっとできないなぁ……と思うわけです。現実問題として、経費精算を代わりに頼めるような人はいませんし、会議でスマホをいじっていたら上司に怒られそうです。これらはホリエモンだからで

きることだし、許されること。

でも、

「電話に出ないキャラになる」

「最低でも1日6時間は必ず寝る」

これならどうでしょうか。仕事でどうしても必要な電話以外は出ないようにして、早く寝ればいいだけの話なので、自分にもできるような気がしませんか？

「残業しないキャラになる」「飲み会に参加しないキャラになる」「空気が読めないキャラになる」……。「○○○のキャラになる」というのは、ビジネス書でよく出てくるフレーズです。

少し余談になりますが、女優の小泉今日子さんは仕事が忙しかった10代のころ、人と話をするのが億劫《おっくう》で、声をかけられないようにするために、楽屋にいるときや移動中はいつも本を読んでいたそうです。また、2013年に亡くなられた歌手の藤圭子さん（宇多田ヒカルさんのお母さん）は、声をセーブするために全盛期はほとんど人としゃべらなかったとのこと（『小泉今日子書評集』小泉今日子、『流星ひとつ』沢木耕太郎より）。

それぞれ、「読書家キャラ」「無口なキャラ」というのは、本当の自分ではなかったのかもしれません。でも、「疲れているから、人に話しかけられたくない」「人と話す声があるなら、歌う声に残したい」という望みを叶えるために、あえてそういうキャラを演じていたのでしょう。

そして、堀江さんも「他人に時間を奪われたくない」から、「電話に出んわ」というキャラを貫いています。自分の身を守るために、〇〇〇のキャラになりきる。このような自己防衛の手法は、私たちの人生のさまざまな局面でも取り入れていきたいですね。

話を戻しますが、元日本マイクロソフト社長・成毛眞さんの『成毛流「接待」の教科書』では、野村證券創業者の7000坪もの広さを誇る別荘の話や、京都・祇園町の「一見さんお断り」の御茶屋の話が出てきます。このような敷居の高い場所を紹介されても、私たちが接待に使うことはほぼないでしょう。

でもよく読むと、「デニーズのステーキはとてもおいしい」「デニーズのステーキランチに誘えばいい」という記述もあるのです。デニーズなら行こうと思えば行けますよね。安くておいしいファミレスは、庶民の味方です。私はこの本を読んで以来、何度もデニーズでステーキを食べていますが、値段も手頃でおいしいので、毎回大満足しています。

このような「身の丈に合ったフレーズ」を見つけ出して、自分の血肉にしていきましょう。

小説で行動を真似する方法――グルメ小説を読んだあとに、同じものを食べてみる

「著者の行動の真似をする」と言うと、ビジネス書を思い浮かべる方が多いと思うの

ですが、小説でも行動を真似ることは可能です。私がよくやっているのは、おいしい食べ物が出てくるグルメ小説を読んだあとに、同じものを食べることです。

坂木司さんの『ショートケーキ。』という小説は、登場人物たちが何かを頑張ったあとに、自分へのご褒美《ほうび》としてショートケーキを食べます。

そして、私はこの本を読み終えたあとに、あるものを食べました。それは何かと言うと……、そう、ショートケーキです。「自分も食べたい」という気持ちが抑えられなくなり、近所のケーキ屋さんで苺のショートケーキを買って食べました。

ケーキをわざわざ買いに行くのが面倒くさいという方は、ぜひ柚木麻子さんの『BUTTER』という小説を読んでみてください。これは、天才結婚詐欺師と言われた木嶋佳苗さんの事件をモチーフにした作品なのですが、読むと絶対に「バター醤油ごはん」が食べたくなります。ごはんにバターをのせて、醤油をかければすぐに作れますので、手軽でオススメです。

この2冊以外でも、料理や食事の描写が上手なグルメ小説は、読んだあとに食欲が止まらなくなる可能性があります。体重が気になる方は、なるべく夜中ではなく、昼間に読むようにしましょう。

著者の行動で真似すべきなのは、**「今すぐ」「自分の心がけ次第で」「なるべくお金をかけずに」できるもの**です。

どんな小さなことや簡単なことでもかまいません。この3点セットが揃っているものを、どんどん行動に移していきましょう。書いてあったことを体験として落とし込むことで、読書の記憶も鮮明に残ります。

自分に大きな変化をもたらすのは、いつだって小さな行動の積み重ねです。3点セットが揃っているフレーズを見つけ出すこと。そして、それを実行に移すこと。これを繰り返せば、「自分株式会社」は確かな成長を遂げていくでしょう。

自分の「お墨付き」をストックする——テーマ③

ビジネス書は、ビジネスに役立つヒントがたくさん書いてありますので、「自分株式会社」以外に「実際に働いている会社」でも取り入れたい行動や考え方があるかもしれません。あなたが社長ならトップダウンで決めることができますが、そうでなければ周囲を説得する必要があります。

そんなときは、ぜひ著者のネームバリューを借りましょう。普段から本を読まない人でも、顔と名前が一致するような「ビッグネーム」の著者ならより好都合です。

会社で提案をするわけですから、ビジネスで結果を出している人がいいですね。日本人なら、稲盛和夫さん、大前研一さん、孫正義さん、堀江貴文さん、三木谷浩史さん、柳井正さん、藤田晋さん。海外だと、ビル・ゲイツ（Microsoft）、スティーブ・ジョブズ（Apple）、マーク・ザッカーバーグ（Meta）、ジェフ・ベゾス（Amazon）……。

錚々《そうそう》たる「ビッグネーム」の方々の名前をお借りして、自分の主張に〝お墨付き〟

をもらいましょう。世の中のほとんどの人はフォロワーなので、「実績がある人」の声は強いです。

第4章で、同じことを何度も繰り返して言っている本は、著者の名前を覚えて二度と読まないようにする、という話をしたときに、「スティーブ・ジョブズも、『何をしないのかを決めるのは、何をするのかを決めるのと同じぐらい大事だ』と言っていましたが」という文章があったと思います。あなたはこれを読んで、「なるほど」「それは確かに大事だな」と思いませんでしたか？

これは、ジョブズ公認の自叙伝『スティーブ・ジョブズⅡ』（ウォルター・アイザックソン）から引用したフレーズです。もしこれが「私の幼馴染のスティーブくんが言っていました」だったら、「誰やねん！」「知らんわ！」とツッコまれると思いますが、「あのApple創業者のスティーブ・ジョブズが言っていた」から主張に説得力が伴うのです。

たとえば、あなたが離職率が高くて、求人広告の常連のような会社で働いているとします。毎日のように、採用活動や新人研修に時間をとられてうんざりしている。でも上司に、「社員を大切にしない会社に未来はないと思います」とストレートに物申すと、反感を買ってしまうでしょう。

そんなときは、

「社員を新たに採用するのにかけるコストよりも、長く働いてもらうためにお金を使ったほうが安くて効果的」――『起業家』（藤田晋）

という、サイバーエージェント・藤田社長の的を射た意見を拝借してみましょう。

「私はこう思います」と自分を全面的に出すのではなく、「あの有名な藤田晋さんがこのような考え方をされています」と、あくまでも〝情報の仲介者〟のような立ち位置をとるのがポイントです。「Twitter で賛同する意見を「リツイート」するのと同じような感覚ですね。

会社という組織は、同じ言葉でも「誰が言っているか」によって周囲の反応が変わってくるものです。上司に嫌われている部下の意見は聞き入れてもらえないのに、お気に入りの部下が同じことを言えばすんなり話が通る。このような不条理な出来事は、よくあることですよね。

「言葉が相手に響く自分」であればいいのですが、残念ながら、今はまだそうではない。でも提案したいことがあって、会社の役に立ちそうな気がする。

そんなときは、ネームバリューのある著者のフレーズに代弁してもらうのが一番です。自分には影響力がないと悲観するのではなく、すでに持っている人から拝借する。せっかく本を読んだのですから、利用できるものは遠慮なく利用しましょう。

ビッグネームの本は、「自慢話が多い」「上から目線で言いたい放題」などと揶揄《やゆ》されることもありますが、自分の主張の〝権威付け〟や〝お墨付き〟としてはこれ以上最適なものはありません。ここは割り切って読んでみてください。

絶妙な比喩表現、言われたらうれしいセリフを吸収する――テーマ④

本書はビジネス書ですが、中には「ビジネス書も小説も読む」という方もいらっしゃると思います。

小説はキーワードを探しながら読むものではありませんが、「テーマ」に該当するフレーズを探すことはできます。

小説を読むときにオススメのテーマは2つ、**「絶妙な比喩表現」**と**「言われたらうれしいセリフ」**です。

日常の何気ない会話の中で、「たとえ話がうまい人」は頭が良く見えますし、「気の利いたセリフが言える人」は好感が持てますよね。できればそういう人間になりたいという願望は、誰もが持っているのではないでしょうか。

小説には、センスの良い比喩やセリフがたくさんちりばめられています。それらを目ざとく見つけて取り入れることで、「自分株式会社」の株をグーンと上げていきましょう。

①絶妙な比喩表現

「こういうトラブルが起きた時に、上司の能力が分かるよね。傾斜のきついコースに行って、はじめてスキーの上手さが分かるのと一緒で」――『魔王』（伊坂幸太郎）

「狭いところでぐつぐつぐつぐつ煮詰まってさ、部長だ課長だ役員だなんて言いたって、しょせん鍋の中で昆布とちくわが、どっちが偉いかなんて言い合ってるようなもんだ」――『神様からひと言』（荻原浩）

基本的に、読んでいて「うまいこと言うなぁ」と感心したフレーズを収集すればいいのですが、その中でも「上司」「部長」といった言葉が入っているものは、実際に職場でアレンジして使える可能性が高いです。例文はどちらも比喩が上手なので、説得力があるでしょう。

やっぱり〝物は言いよう〟です。でも、急にうまいことを言えるようにはならないので、普段から〝絶妙な比喩表現〟を集めた「ネタ帳」のようなものを作っておきたいものですね。

私は今までに小説もたくさん読んできましたが、もし「比喩が上手な作家さんを一人だけ教えて」と言われたら、胸を張って「村上春樹さん」と答えます。

2023年4月に発売された、6年ぶりの新作長編『街とその不確かな壁』。全部で672ページ、本を頭の上に落としたら死ぬんじゃないかと思うぐらいの分厚さでしたが、いつもに増して〝キレキレの比喩〟が大炸裂《さくれつ》していました。

私は1ページ目の1行目から「比喩表現は絶対に見逃さないぞ」とアンテナを立てて読み、その結果、語尾が「〜のように」「〜みたいに」と書いてあるフレーズを20

カ所以上見つけました。その中から厳選した3つを紹介します。

「海はとても穏やかだ。風らしい風も吹いておらず、小さな波が音もなく規則正しく浜辺に打ち寄せている。まるで干されたシーツが風にそよいでいるみたいに」

「彼は空になった自分の皿をじっと見つめていた。太陽が沈んでしまったあとの水平線を、一人デッキに立っていつまでも眺めている孤独な船客のように」

「彼女はカウンターに両肘をつき、身を前に乗り出して、私の耳たぶをいろんな角度からしげしげと眺めた。食料品店でブロッコリーを点検する主婦のように」

『街とその不確かな壁』以外にも、村上春樹さんの小説は、キレキレの比喩がたくさん出てきます。ぜひアンテナを立てて、見つけ出す練習をしてみてください。

②言われたらうれしいセリフ

Facebookを開くと、「今日は◯◯さんの誕生日です。お祝いメッセージを送ろう！」という通知が出てくることがありますよね。あなたは毎回どうしていますか？

誕生日を迎えた人との関係性にもよると思いますが、「お誕生日おめでとう。良い1年になりますように」といった、当たり障りのない文章で済ませている人も多いのではないでしょうか。

当日にメッセージを送ることに価値があるのかもしれませんが、定型文や決まりきった文言でお祝いされても、あまりうれしくないと思うのです。その人の「心の内側」から出ている言葉ではないし、「ラクをしたい」という気持ちが透けて見えるからです。

そこで、どうせメッセージを送るなら、「ちょっと個性を出したい」とか「インパクトを与えたい」と思ったりするのですが、その人に合ったメッセージをいちいち考えるのも面倒くさい。どうしたらいいものか……と悩んでいるときに、たまたま読んでいた小説の中から、こんなフレーズが目に飛び込んできました。

「誕生日っていうのは、あなたがこの世界に誕生したこと、今、元気で生きていることを喜ぶためにある記念日ですよ。もうそんなおめでたい歳じゃないからとか、誕生日がくるのがイヤだとかそんなの絶対おかしいですよ。むしろ逆です。歳をとればとるだけ、めでたいことなんだ。素晴らしいことなんです。23の誕生日より46の誕生日のほうが、倍、素晴らしいし、おめでたいんですよ。そうでしょう？　胸張ってくださいよ」──『最後から二番目の恋』（岡田惠和）

これはフジテレビで放送されていたドラマ「最後から二番目の恋」のノベライズ本です。ドラマの中で46歳の誕生日を迎えた（という設定の）小泉今日子さんに対して、中井貴一さんがかけた言葉なのですが、実に素敵なセリフだと思いませんか？

もし自分が言われたら絶対にうれしいし、友達が言われてもうれしいかもしれない。

そこで、この中井さんのセリフを拝借したバースデーメッセージを、年齢の数字の部分だけをアレンジして、本当に大切な自分の中の一軍の友達に送ってみました。すると、「なんて素敵なメッセージ」「心に響いた」などと、みんな揃って大感激！　返信メールも定型文ではなく、自分の言葉で書かれたものが送られてきました。これはきっと、気持ちが伝わったからでしょう。

小説の中にはさまざまなシーンが登場します。それらは決して小説の中だけの話ではなく、私たちの日常でも同じような場面に遭遇することがあります。誰だって誕生日を迎えるし、時には喧嘩もするし、冠婚葬祭に出席することもある。

日々のコミュニケーションは会話でするものです。だから、読んでいて「こんなことを言われたらうれしいな」と思ったセリフは、実生活でも活用できます。

「苦しかったり、つらかったりするのは、あなたがちゃんと自分の心と頭で考えて、前へ進もうとしている証拠よ」――『マカン・マラン 二十三時の夜食カフ

ェ』（古内一絵）

「いま、この瞬間のことだけを考えて、自分なりに素敵に生きればいいの。いまを素敵に生きれば、未来はその延長線上に作られるから、きっと素敵なものになるのよ」――『大事なことほど小声でささやく』（森沢明夫）

苦しい思いやつらい思いをしている人、未来に不安を感じている人に、こんな優しい言葉をかけてあげられたら、素敵だと思いませんか？

プロの作家の知恵を拝借して、自分なりにアレンジして、タイミングを見計らって披露すれば、大切な友達を元気づけたり、励ましたり、喜ばせることができるのです。

小説は、あくまでも娯楽です。「情報をとる」なんて考えないで、単なる読み物として楽しく読みたい、作品の世界観にどっぷり浸りたい、犯人の推理に集中したい、という人はそれで全然構わないと思います。

でも、「絶妙な比喩表現」と「言われたらうれしいセリフ」という2つのテーマを頭に入れて読むことで、「小説＝消費」ではなく、何%かを投資にすることができます。この考え方は覚えておいて損はないでしょう。

自分の「心の声」が言語化されているフレーズを吸収する——テーマ⑤

これまでに紹介してきた4つのテーマは、いずれも「読書を自分の成長につなげる」という目的がありました。ビジネス書は「A→B」に変化するために読むものですから、自分の変化につながるようなフレーズにアンテナを立てることは、とても理にかなっています。

人として、より高みを目指すのはもちろんすばらしいことです。でも、「A→B」の過程にいる今のあなただって、十分にすばらしいと思うのです。頑張ることも大切ですが、同じくらい「頑張っている自分の心のケア」をすることも大切です。

というわけで、最後の5つ目は、今までの4つとは少し毛色が違うテーマを紹介します。

2021年9月まで、池袋の東急ハンズ8階には「ねこぶくろ」という、猫と一緒に遊べるスペースがありました（※東急ハンズの閉店に伴い、現在は同じ池袋にあるアミューズメント施設「ナンジャタウン」内の「ニャンジャタウン」としてリニューアル）。

私はいつも仕事で活字ばかり見ているので、たまには猫を見て癒やされたいと思い、休日にねこぶくろを訪れて、入場料700円を払って中に入りました。

ところが、約20匹の猫ちゃんたちはおもてなしの「お」の字もなし。「客には興味ないわ」という感じで、みんなキャットタワーやキャットウォークで思い思いに過ごしていました。その様子を見ながら、「猫は自由気ままでいいなぁ」「人間は疲れた」「もう仕事のこととか考えたくない」「生まれ変わったら猫になりたい」「丸くなって一日中寝ていたい」……なんてことを口には出しませんでしたが、心の中で密かに思っていました。
そしてその日の夜、佐藤多佳子さんの『明るい夜に出かけて』という小説を読んでいると、次のようなフレーズが目に飛び込んできました。

「俺は人間をやりたくないよ。猫にでもなって、冷たいタイルの床の上で丸まって寝てたいよ。ほかのヤツのこととか、あれこれ考えたくない。疲れるから」

もうビックリしました。これは私の心の声！　著者の佐藤さんは、なんでこんなにも私の気持ちがわかるんだろう、と。サッカーの本田圭佑選手がかつてACミランに移籍を決めた理由を聞かれて、「心の中の〝リトル本田〟に聞いた」と答えていましたが、まさに〝リトル名もなき読書家〟の声がそのまま音声入力されて、登場人物のセリフになっていたのです。
小さい子供って、思ったことをそのまま口にしますよね。スポーツ選手への質問も、

「彼氏はいますか？」「彼女はいますか？」などと、マスコミが躊躇《ちゅうちょ》するような内容でもズバズバ聞いてくるでしょう。

でも、大人になるにつれて、まわりによく思われたいとか、自分を受け入れてもらうために、〝心の声〟を口に出せずに溜め込んでしまうことが多くなる。部活でも、心の中では「負けろ」と思っているのに、ベンチで「ファイト！」と叫んでいたりするでしょう。会社でも、新人が「わたし、定時で帰ります」とはなかなか言えないですよね。

だからこそ、本を読んでいるときに、自分の「心の声」が言語化されているフレーズを見つけるとうれしくなりませんか？

心の中でボンヤリと抱いている気持ちや、言葉にできないけれど確かに存在している感情。それらが文字になっている箇所を、あなたにはコツコツ収集してもらいたいのです。なぜなら、心が満たされるから――。

あの日、「ねこぶくろ」をあとにしたとき、「大の大人で〝猫になりたい〟と思っているのなんて自分ぐらいだろうな……」と悶々としていました。それが『明るい夜に出かけて』を読んで、あのフレーズに出会ったことで、「自分以外にも〝猫になりたい〟と思っている人がいたんだ」「こんなふうに思っても良かったんだ」と、なんだかすごく安心したというか、救われたような気持ちになりました。

あなたの〝心の声〟に著者から「いいね」をもらえる

本の中には、口に出せないあなたの〝心の声〟に寄り添ってくれるような、優しくて温かい文章がたくさん眠っています。自分の中で、

・まともじゃないと思っていること。
・こんなんじゃダメだと思っていること。

・うまくできなくて気にしていること。
・ちょっとおかしいんじゃないかと思っていること。
・恥ずかしくて絶対に人には言えないと思っていること。

これらが文字になっている箇所を見つけると、「自分だけじゃないんだ」「こんな自分でも良かったんだ」と背中を押されたような気分になります。自分が密かに抱えている〝闇〟を、肯定してもらえることがどれだけうれしいことか。

つまり、自分の〝心の声〟が言語化されているフレーズを1つ見つけるというのは、著者から「いいね」を1つもらうのと同じなんです。

「あたし、人づきあいが得意じゃないんだよね。一人のほうが気楽。それに、外に出るのって、好きじゃない。疲れるし、お金かかるし」――『素敵な日本人』
（東野圭吾）

「個人的で生々しいことって、なんでだか分からないけど口にするのが苦手なんです。できれば誰にも話さずに生きていきたいっていつもそう思って」――『ナラタージュ』（島本理生）

一人で過ごす時間が好きで、自分のことを聞かれたり話したりするのが苦手な私は、東野圭吾さんと島本理生さんからとびきりうれしい「いいね」をいただきました。休日になると、親しい仲間で集まって花見やバーベキューをしたり、お酒を片手に夜通し語り明かす社交的な人たちがいる中、自分は内向的で秘密主義な性格。でも、2人の直木賞作家が、「気持ち、わかるよ」「そんなあなたでいいんだよ」と言ってくれているのです。

SNS全盛期の今、「いいね」をたくさんもらおうと、自分を偽った「リア充アピール」をしたり、「インスタ映え」する写真を撮ることに必死になっている人がいます。でも、そんなに無理をしなくても、アンテナの感度を磨いて、他人が書いた文章の中に自分の〝心の声〟を見つければ、承認欲求は自力で満たすことができる。「いいね」は自分でいくらでも増やせます。

コントロールできない他人のリアクションに一喜一憂することもなく、誰かに精神的な負担をかけるわけでもなく、すべてが自己完結。これは「最も健全な承認欲求の満たし方」と言ってもいいのではないでしょうか。

「抜き書き」という圧倒的な人生の味方をつくる

私はこれまでに4800冊以上の本を読んで、自分のキーワードやテーマに合致したフレーズを、合計で「4万以上」も抜き書きしてきました。このお金では買うことができない大切な宝物を、1年ぐらいかけて全部見直してみました。

たとえば、ファッションが大好きな人がショッピングに行って、お店で気に入った服を片っ端から爆買いしたとします。それを何度も繰り返して、ある日、ふとクローゼットを開けてみると、中には白と黒の服しかなかった。そこで初めて気づくわけです。「自分はモノトーンが好きなんだ」と。

本の抜き書きも同じで、4万フレーズをじっくり俯瞰して見たことで、初めて自分の傾向がわかりました。なんと、この「自分の心の声が言語化されているフレーズ」が半数以上を占めていたのです。

私のこれまでの人生は、「認められたいのに認められない」ことばかりでした。本をたくさん読むので、周囲から〝意識高い系〟と小バカにされたり、冷ややかな目で見られることも多く、でもそういう人たちを黙らせるような〝圧倒的な実力〟を持ち合わせていませんでした。そんな自分にあったのは、仕事で培った「めちゃくちゃ感度の高いアンテナ」のみ。

だからきっと、読書で「自分を認めてくれるような文章」をたくさん集めることで、心を満たしてきたんだと思います。「このアンテナがあったから、ここまで生きてこられた」と言い換えてもいいかもしれません。

以前、テレビ東京の「家、ついて行ってイイですか？」という番組に、ディズニーランドが大好きという人が出ていて、次のように言っていました。

「人間社会は陰口を言われたり、約束を破られたり、とにかく生きづらい。でも、ミッキーはドタキャンしないし、バカとか言わないし、全部を包み込んでくれる感じがするから好きなんです」

本もミッキーマウスと同じです。そばにいて守ってくれて、いつでも寄り添ってくれる。絶対に裏切らないし、牙を剥《む》くこともありません。心の拠り所として、つらいときに支えてくれる圧倒的な味方です。「友達がいないから、本が友達です」と自虐的に言ったりしますが、本ほど素敵な友達なんていないと思います。

・自分の気持ちなんて、誰にも理解してもらえないと思っている人。
・誰からも必要とされていないように感じている人。
・どこにも居場所がない人。
・人から期待されている自分になれない人。
・将来の夢もやりたいことも何も見つからない人。
・自分が世の中からいなくなっても誰も悲しまないと思っている人。
・会社の出世コースから外されてしまった人。
・反逆者として虐げられている人。
・就職活動でお祈りメールをいっぱいもらっている人。
・王道ではなくいつも隙間で生きている人。
・道の真ん中を真っ直ぐ歩けずに側溝の溝にハマっている人。
・アイデアを鼻で笑われている人。
・好意を持った相手に一度も受け入れられたことがない人。

・飲み会に行っても誰からも話しかけられずに置き物状態になっている人。
・友達の誕生日には必ずメールを送っているのに、自分の誕生日には誰からもメールがこない人。
・学校の同級生や会社の同僚とまったく話が合わない人。
・世の中に自分の味方なんて一人もいないと思っている人。
・今までの人生で人に自慢できるようなことは何一つ成し遂げていない人。
・周囲の人が当たり前のようにできることが当たり前にできない人。
・自分のことを社会不適合者だと思っている人。
・みんなの輪の中にうまく入れないタイプの人。
・集団生活がことごとく苦手な人。
・最も嫌いな四字熟語が「社員旅行」の人。
・人と一緒に過ごすとペースが乱れて疲れてしまう人。
・何者にもなれない自分に強いコンプレックスを感じている人。

・誰にも言えない辛い過去がある人。
・癒えることのない痛みを抱えている人。
・自分に配られた人生のカードが悪すぎてため息をついている人。
・今までに「人生を終わらせたい」と思ったことがある人。
・大人になったらできると思っていたことが何一つできていない人。
・いつもいつも負の感情を抱えている自分にうんざりしている人。
・時代の波に乗り遅れてついていけない人。
・何をやっても中途半端な人。
・自分は地球上で最も底辺の人間だと思っている人。

もしあなたがどれかに該当しているなら、ぜひ本の中から〝心の声〟を見つけ出すアンテナを強化してほしいのです。

人生にはたまたま目に留まったその一文で、救われることがあります。毎日を生きるのが少しラクになることがあります。あまりにも自分の深いところをピンポイントに刺激されて、涙が滲《にじ》むことがあります。今のあなたを認めてくれる文章＝「いいね」をたくさん集めることで、どうか心を満たしてください。

さて、ここまで読んできて、「キーワードやテーマを頭に入れて読む」ことに少しは興味を持っていただけたかと思います。実際にこの読み方をマスターすれば、あなたが欲しい情報がたくさんとれるようになることは間違いありません。読書での失敗が少なくなると思います。そして、1つのことができるようになると、また新たな課題が現れるのが世の常です。

最後の第6章では、「集めた情報をどのような形で残しておくか」について詳しくお伝えします。

第6章

読書記録を残して、資産にする

――Instagram 読書記録のすすめ

読書で集めた情報を「備忘録」として残す

ここまで一貫して「読書では情報をとることが何よりも大事」だとお伝えしてきましたが、情報をとることと同じくらい大事なのは「読書記録」をつけること。集めた情報を備忘録として残しておくことです。

読んだ直後は覚えていても、次の本を読むと情報が上書きされて、前の本が思い出せなくなるのが人間の性。感動や記憶を、永遠にとどめておくことは難しいものです。だからこそ、忘れたときにタイトルや内容をあとから検索できる「自分のデータベース」のようなものがあると安心ですよね。

そこでオススメしたいのが、Instagramで読書記録をつけることです。

実際にInstagramには、「＃本 ＃読書 ＃読了 ＃読書記録 ＃読書ノート ＃読書メモ ＃読書感想文 ＃本が好き ＃本が好きな人とつながりたい」「＃book ＃bookstagram ＃bookpic ＃bookphotography ＃booklover ＃instabook ＃reading」

など、読書にまつわるハッシュタグがたくさん存在していて、日本だけでなく、世界中の人々が読書記録として利用しています。

私もInstagramで「読書記録専用」のアカウント（@no_name_booklover）を開設していて、ここにはひたすら読んだ本の情報だけを投稿してきました。このアカウントの運用を通して実感した、Instagramの利点を3つ挙げてみます。

Instagramで読書記録をつける「3つのメリット」

①スマホの中に本棚をつくれる

まず1つ目は、スマホの中に「本棚」をつくれることです。現実の本棚と違って場所をとらない上に、持ち運びもできます。書店や図書館に行って、「この本は前に読んだことがあるかも……」と迷ったときは、その場でスマホを取り出してInstagram

を見て確認すれば、同じ本を買ったり借りたりすることもなくなるでしょう。

また、読書記録を投稿する場合、「写真＝本の表紙」になると思いますが、暇なときに自分の過去の投稿をさかのぼると、「好きな本のコラージュ」を見ているみたいで純粋に楽しいのです。部屋にお気に入りの写真（好きな芸能人、風景、ペットなど）を飾ると、それを見るたびにちょっとテンションが上がりませんか？　その「本バージョン」のような感じです。

最近は、表紙がカラフルだったり、見出しや各章のまとめが正方形になっていたり、明らかに「インスタ映え」を意識してつくられた本も出てきました。「読書×Instagram」の親和性を、だんだん出版関係者も気づいてきているように思います。

②著者から直でリアクションがある

2つ目は、著者から直でリアクションがあることです。今はSNSで話題になってナンボ、という「SNSファースト」の時代。作品の評判を気にして、エゴサーチをしている著者がとても多くいます。

私は「著者の名前」を必ずハッシュタグに入れているのですが、エゴサーチをして辿り着いたと思われるベストセラー作家の方々から、「読んでくださりありがとうございます」「ご感想ありがとうございます」というコメントをいただいたり、海外の著者から「This is my book. Thank you for sharing!」と英語のメッセージが届いたこともあります。

まさか、自分に向かって著者が声をかけてくれるなんて夢にも思わないかもしれませんが、「突然すみません、著者の◯◯です」とご本人から丁寧なお礼の言葉をいただくのは、実際によくあることです。

この場合、いただいたコメントに対して「いいね」を押して終わり、ということは絶対にしません。著者と交流ができるまたとないチャンスは、最大限に生かさないともったいない！「◯◯さんの著作は今までに◯冊読みました」とアピールしたり、以前に小説家の方からコメントをいただいたときは、「登場人物のその後が気になるので、続編を希望します！」と書いたら、「続編……もしかしたらあるかもしれません」といううれしい返信が届いたこともありました。

ひと昔前までは、本の著者といえば「雲の上の人」「遠い存在」というイメージがあったと思いますが、今はＳＮＳで直接やりとりができるようになりました。一度でもこういうことがあると、その著者との距離感がグッと縮まって、「過去の作品を全部読もう」「これから新作は必ず買おう」などと、新たな読書欲がムクムクと湧いてきます。

私も著者として、１冊目の本のタイトルである「#情報吸収力を高めるキーワード読書術」というハッシュタグがついている投稿にお礼のコメントを書き込んでみました。主な反応は、①素直に喜んでくれる、②まさか著者本人からと驚かれる、③フル無視、という感じでした。③はちょっと残念でしたが、①はうれしかったですね。本書のタイトル「#失敗しない読書術」もこまめにチェックするつもりです。

③ユーザーとの交流が励みになる

3つ目は、ユーザーとの交流が励みになることです。別に人から評価をされたくて読書記録をつけているわけではないのですが、やはり自分の投稿に対してリアクションがあるとうれしいものです。

「いいね」を押してくれたり、わざわざコメントを書き込んでくれたり、フォロワーになってくれる人がいると、本当にうれしくて励みになります。リアルな知り合いではないけれど、そこには1冊の本を通した「確かな共感」があります。読了報告をすればするほど、ユーザーからのリアクションも増えていくので、ますます熱心に読書をするようになります。

ちなみに、私のフォロワーは本が好きな人ばかり。読書記録のアカウントをわざわざフォローしてくれるんですから、当然といえば当然かもしれません。ユーザーネームにも「book」「reading」「library」「hon」というスペルが入っている人が多くて、「○○さんがあなたをフォローしました」という表示が出るたびに、どんな人なのか気になってアカウントを見に行くと、本の表紙の写真がいっぱい、ということがよくあります。

「本棚を見れば、人柄がわかる」という言葉がありますが、フォロワーの過去投稿を見ると、どんな人なのかがだいたいわかります。「ミステリーが好きなんだな」とか「ミニマリストに憧れているな」とか、本人と面識はなくても、おおよその人柄が想像できます。「好きな本」がわかるというよりも、「人間そのもの」がわかるのです。自覚はなくても、「読んだ本の投稿をする＝自分自身の内面を公開する」ようなものなんですね。

本が好きなフォロワーは、人生に前向きな人が多いように思います。プロフィールにも「今年中に◯冊読むのが目標です」「もっと語彙《ごい》力を上げたい」「いろいろな人の人生や知らなかった世界を知りたい」など、意欲的な言葉がたくさん並んでいて、「人としてのエネルギー」を感じます。

今は中学生や高校生で、読書記録専用のアカウントをつくっている人も多くいます。

「通学電車でいつも本を読んでいます」「本を買うためにアルバイトを始めました」「オススメの本を教えてください」と書いてあったりして、「なんて意識が高いんだろう！」とオバちゃん（私）はただただ感心しています。

以上のように、Instagramに投稿すれば、便利なことやうれしいこと、励みになることがたくさんあります。これらは「手書きの読書ノート」では実現できないことばかり。ぜひあなたも、読書記録をインターネット上で可視化させてみてください。

本の要点をキーワード化して「ハッシュタグ」にする

Instagramはビジュアルに特化したSNSですが、写真にテキストを添えることができます。でも、本のレビューがあまり長文なのもいかがなものかと。自分が書くのも面倒くさいですし、他人の投稿を見るときも、何度スクロールしても最後までいかなかったら途中で離脱してしまいそうですよね。

Instagramは「目的を持って見る」わけではなく、ちょっとしたスキマ時間に「流し読み」する傾向が強いSNSです。だから、テキストはわかりやすくシンプルにまとめたほうがいい。そこでオススメなのが、本の要点をキーワード化して、ハッシュタグにすることです。

「マンスリー手帳」をイメージしてみてください。1日分のスペースが小さいので、予定を書き込むときは、「○○さんとミスチルコンサート、東京ドーム、18時開演」というように、「誰と、何を、どこで、何時から」など要点だけを書くでしょう。細かい出来事や感情をいちいち長文で書かなくても、要点のキーワードを見れば、その日にどんなことがあったか、あとから思い出せるのではないでしょうか。

読書も同じで、本の要点をハッシュタグにして投稿しておけば、どんなことが書いてあったか思い出せるはず。というわけで、簡単に使い回せる「ハッシュタグのフォーマット」をご紹介します。

#本のタイトル
#著者名
#出版社名
#著者の経歴
#内容の要約（ひと言で言うとどんな本か、よく出てきたキーワード、自分が設定したキーワード、読者ターゲットなど）
#手短な感想
#読書に関連するハッシュタグ

「#本のタイトル」「#著者名」「#出版社名」の3つは必須です。

出版社名を書いておくと、その出版社の公式アカウントから「いいね」をもらえることがあります。中には、「とても素敵にわかりやすくご紹介いただいて光栄です」「丁寧に書評をお書きいただいて感激です」などとコメントをくれる出版社もあります。SNSに力を入れている出版社と、そうでない出版社がよくわかります。

ちなみに、本書の版元であるフォレスト出版からは、今までに「いいね」も「コメント」もたくさんいただきました。どうやら、こまめにエゴサーチをされているようです。これからフォレスト出版の本を読んだときは、ぜひ「#フォレスト出版」とハッシュタグをつけて投稿してみてください。

ハッシュタグをつけるときの注意点

出版社名で個人的に気になっているのが、幻冬舎を「幻冬社」と書いている人があまりにも多いということです。ハッシュタグ「#幻冬社」で検索すると、なんと70

00件以上の投稿がヒットします。こんなにも多くの人が、漢字を間違えていることに気づいていない。これは本当にあってはならないミスだと思うんですよね。

たとえば、あなたの会社が幻冬舎と取引があったとして、社長にメールを送るときに、「株式会社幻冬社　見城徹様」と書いた時点でもうアウトでしょう。私が見城さんだったら、このようなケアレスミスをする人とは一緒に仕事をしたくありません。ビジネスメールでもSNSの投稿でも、会社名を間違えるのは失礼極まりない話です。

タイトル・著者・出版社など、その本の「基本的な情報」を間違えて投稿すると、信憑性や説得力が落ちてしまいます。「孔子」の本を読んだのに、ハッシュタグが「#子牛」になっていたら台無しですよね。出版社には「大和書房」と「大和出版」、「日本実業出版社」と「実業之日本社」など、似たような社名がいくつかあります。絶対に間違えないように、投稿前に何度も本を見て確認するようにしてください。

また、本の帯に「推薦者」として有名人（仮にXさんとします）がコメントを寄せていることがありますが、表紙に名前が大きく書かれていたりすると、「X＝著者」と勘違いしてしまう人がいるようです。「Xさんの新刊を読んだ」と書いてある投稿を見て、「いや、Xさんは著者じゃないって！」とツッコミたくなったことが、今までに何度もあります。著者名の漢字だけでなく、「誰か書いたのか」もしっかりと確かめましょう。

著者の経歴は、「経営コンサルタント」「○○大学教授」「元リクルート」など、プロフィールから目立つものを抜き出せばOKです。「どんな経歴の人が言っていたか」でだいたい内容の見当がつくので、あとから思い出せる確率が高くなります。

内容の要約は、「転職を考えている人へのアドバイス集」「アラサー女性の生き方の指南書」など、「どんな本だったか」をひと言で伝えるようなイメージです。サブタイトルや帯の言葉も大いに参考にします。これがうまく書けないなら、内容の理解がちょっと足りていないのかもしれません。

読者ターゲット（年齢、性別、レベル）を書くと、投稿を見た人が「この本は自分にとって関係があるかどうか」を判断するヒントになります。以前、「#男性向け」と書いたときは、フォロワーから「女性の私が読んでも参考になりますか？」「#20代後半の女性は必読」と書いたときは「ちょうど年齢が該当していたので気になって読みました」というコメントをいただきました。「自分ごと」として感じる要素があるか、というのは本選びにおいては重要なポイントなのでしょう。

あとは、「ハウツー本ではない」「ページ下にパラパラ漫画あり」「文体が語り口調」など、読む前に知っておくと心構えができる情報も、惜しみなく書くようにしています。

最後の「手短な感想」ですが、ここは遊び心を入れてもいいところです。人間味や心情が出ていたり、クスッと笑えるようなものにする。

たとえば、共感することが多かった本は「首がちぎれるくらいうなずきながら読んだ」、おもしろかった本は「電車で読むのは危険」、感動した本は「全私が泣いた」。

このようにユニークなワードセンスを、いかんなく発揮してください。

先ほども説明しましたが、今はエゴサーチをしている著者が多いので、自分が書いたキャプションは著者に見られるもの、と思っておいたほうがいいです。本人の前で言えないことは、陰でも言ってはいけません。何でも物は言いようですから、オリジナリティがない本は「オーソドックスな自己啓発書」、後半がネタ切れ気味の本は「前半がおもしろかった」、全体的に内容が浅い本は「サクッと読める」など、マイナスの意見は少しオブラートに包んだような、角が立たない表現にしておきましょう。

読書に関連するハッシュタグは、「#本　#読書　#読了　#読書記録　#読書ノート　#読書メモ　#読書感想文　#本が好き　#本が好きな人とつながりたい」など、探せば本当にたくさんあります。海外の本や翻訳本を読んだときは、「#book　#bookstagram　#instabook　#reading」など英語のハッシュタグもつけるといいでしょう。これらを書いておくことで、あなたの投稿が「フォロワーではない読書好きの人」に見てもらえる可能性が高くなります。

ちなみに、私が一人の読者としてこの本を読み終えたとしたら、以下のようなハッシュタグをつけると思います。

#失敗しない読書術　#名もなき読書家　#フォレスト出版　#情報クリッピングマスター　#プロの調査員　#クリッピング　#欲しい情報を漏らさない本の読み方　#キーワードとテーマを頭に入れて読む　#読了　#読書記録　#読書好きな人とつながりたい

これだけ要点をちりばめておけば、時間が経っても、なんとなく内容を思い出せそうな気がしませんか？

本書を読んだあと、Instagramに読書記録を投稿しようと思っている方は、ぜひこれをそのまま丸写しorアレンジして使ってみてください。

テキストを書くとき、写真を撮るときの注意点

私は要点をまとめたハッシュタグに加えて、テキストで心に響いたフレーズ（8～10つくらい）を載せるようにしています。「おもしろかった」とか「読んでよかった」という自分の感覚が、そこまで世間一般に当てはめて正しいという自信が持てないので、客観的な事実（＝本文の引用）を提示することで、フォロワーに読むかどうかを判断してもらいたいというのが1つ。あとは、「失いたくない言葉」をデータで残しておきたいからです。

他の人の読了投稿を見ていると、「本文の引用」なのか「個人的な感想」なのか見分けがつかないものがありますが、これは読み手が混乱して理解が遅くなってしまいます。カギ括弧を用いるなどして、「どこが引用箇所なのか」をハッキリ示すようにしてください。また、対談本や鼎談本のフレーズを引用するときは、「誰の発言なの

か」をわかるように書く気遣いがほしいところです。

最後に1つ、本の表紙を写真に撮るときの注意点を。自分が購入した本やKindleは好きなように撮ればいいのですが、図書館で借りた本は必ず「〇〇〇図書館」と書いてあるラベルの部分を隠すようにしてください。でないと、あなたの居住地域がバレてしまいます。

私は通勤電車で図書館の本を読んでいる人を見ると、ラベルをチラ見して、「その人がどの駅で降りるかを予想する」というのを密かな趣味にしているのですが、けっこう当たるものです。Instagramでも、ラベルが丸見えの状態で投稿している無防備な人がたくさんいます。個人情報が漏洩《ろうえい》しないように、くれぐれも注意してください。

Instagramで人気の「読書アカウント」の2つの特徴

フォロワーが1000人以上いるような人気の読書アカウントは、2つの特徴があります。

①本の情報（＝要約）が書いてある

まず1つ目の特徴は、本の情報（＝要約）が書いてあるということです。

たとえば、同じ本の投稿でも、

◎Aさん＝「今からこの本を読みます」という一文のみ。

◎Bさん＝わかりやすい要約＋本文の引用＋要点のまとまったハッシュタグ。

どちらか一人に「いいね」を押すとしたら、私は迷うことなくBさんにします。なぜなら、Bさんの投稿には本の情報が書かれているので、自分で調べる手間が省けて助かるから。「いいね」はありがとうの意味を込めてです。

それに対してAさんの投稿は、いったいどんな本なのか、内容がまったくわかりません。単なる個人のライフログ（行動記録）になってしまっています。Aさんが有名人なら、何の本を読んでいるのか気になるかもしれませんが、知らない人なら特に興味はないですよね。投稿を見ても、わざわざ「いいね」を押そうという気にはなりません。

トマ・ピケティの『21世紀の資本』のような分厚い学術書や、ドストエフスキーの『カラマーゾフの兄弟』のような難解な小説に挑むときに、先にSNSで「読みます宣言」をしてあとに引けない状態にする（自分を追い込む）のは全然ありだと思います。

でも毎回、「今から読みます」だけだと、「この人は本当に読んでいるのだろうか？」「読書家アピールをしているだけでは？」などと、見ている側が意地の悪いことを考えてしまうのです……。

本書をここまで読んできたあなたは、きっとこれからキーワードやテーマにアンテナが立って、情報をとれるようになります。せっかく情報をとる能力が身についているのに、それを使わないで、投稿が「ライフログ」にとどまってしまうのはあまりにももったいない！

私がフォロワーからもらったコメントで一番うれしかったのは、「今、海外にいるので、日本の書籍を手軽に読むことができません。いつもためになる投稿をありがとうございます」というものでした。おもしろい文章や感動させる文章でなくても、「本の情報」をわかりやすく整理して書けば、遠く離れた海外にいる人の役に立つことだってできるんです。自分の投稿がこの世界を回り回って、まだ出会ったこともない人の人生に影響を与えることがある。小さくても、確かな喜びを感じずにはいられません。

あなたも今後はぜひ、投稿内容を「Aさん」から「Bさん」に変化させてみてください。自分にとっては「備忘録」となり、他の誰かにとっては「お役立ち情報」となる。そんなWin-Winの投稿を目指しましょう。

②投稿数が多い

次に、人気がある読書アカウントの2つ目の特徴は、投稿数が多いということです。

人間は、接触頻度が高いものに好意を持つという「ザイオンスの法則」（＝単純接触効果）を地でいっています。

毎日のように読了投稿をアップしている人がいて、先ほどのBさんのような投稿内容だったら、「読書の情報源」としてフォローしようと思いませんか？　Instagramでフォロワーを増やすためには、「フォローバック狙い」で何千人もフォローするのではなく、「フォローしたくなるような投稿」の更新頻度を上げるのが一番です。そうすれば、やがて質の良いフォロワー（私の場合、本が好きな人）が集まるようになります。

Instagramに自分が「行ったお店」や「買ったもの」を載せるのは、生活レベルを公開するのと同じです。だから高級店に行ったり、ブランド物を買ったとしても、「金持ちアピール」と思われないように投稿を控える人もいますよね。

その点、本は何の遠慮もいりません。値段もせいぜい１５００円程度ですし、図書館で借りたら無料です。毎日約３００冊の新刊が出るので、ネタ切れになることもありません。

つまり、「読書記録」はコンスタントに投稿していくコンテンツとしては最適です。感心されることはあっても、嫉妬されたり軽蔑されることは絶対にありません。読み終えた本は、遠慮しないで投稿しましょう。

他人の投稿を「自分の読みたい本探し」に利用する

Instagram は「自分が読んだ本」を記録するだけでなく、「自分が読みたい本」を探すために利用することもできます。

＃読了　＃読書記録というハッシュタグや、出版社や書店のアカウントを積極的にフォローしましょう。これによって、読み終わった本・発売になった本・入荷した本の情報が入手できるようになります。この「他人のオススメ」が強制的にタイムラインに流れてくる、というのがすごく大事です。

オススメと言えば、Amazonの「この商品を買った人はこんな商品も買っています」という欄（＝レコメンド機能）があります。過去の検索履歴や購入履歴をもとにして、関心があると思われる本をすすめてくれるのですが、これらはあくまでも自分の「興味の範疇《はんちゅう》にある」ものです。その分野の知識をさらに〝深める〟ことはできても、人間としての幅を〝広げる〟ことはできません。

映画館に行くと、本編が始まる10分くらい前から、スクリーンにこれから公開される映画の予告が流れますよね。「全米が泣いた」「アカデミー賞最有力候補」「衝撃のラストを見逃すな」。いわば「他人のオススメ」を強制的に見せられているわけですが、これによって知らなかった映画に興味を持ったりするでしょう。

同じように、Instagramで「他人のオススメ」を見ると、それまで興味の範疇に入っていなかった本が目に飛び込んできたり、自分が置かれている状況やそのときの気分にピッタリな本と出会えることがあります。映画でも読書でも、こういう「自力では絶対に発掘できなかった作品」が意外と心に響いたりするものです。

素敵な偶然に出会ったり、予想外のものを発見することを「セレンディピティ」と言いますが、これを最も実感できる場所は、リアル書店でしょう。

本が好きな人にはわかってもらえると思うのですが、「書店に入る瞬間」ってこれ以上ない幸せを感じませんか？　いろいろな棚をウロウロして、自分が欲している言葉が書かれた本を見つけたり、マニアックな品揃えにニヤニヤしたり、あれもこれも読みたいという気持ちが抑えられずつい散財してしまったり。棚の圧迫感すら、愛しく感じます。

でも、家の近くに書店がない人、忙しくて頻繁に通う時間がとれない人もいますよね。そんなときは、Instagram で少しでも「他人のオススメ本」をたくさん見られるようにして、（量は及びませんが）書店に行くのと同じような環境をつくりましょう。

たまたまタイムラインに流れてきた本との一期一会、どうか大切にしてください。

「投稿時間」ではなく「投稿日」を意識する——上級テクニック

Instagramでフォロワーを増やすため、あるいは「いいね」をたくさんもらうために、「見られやすい時間帯」を狙って投稿している人もいるでしょう。具体的には、朝夕の通勤・通学のタイミングや、お昼休みがそれに当たります。

でもこれって、ある程度みんなやっていることだと思うのです。人よりもちょっと深く考えることで、人生は差がつくもの。

そこで提案です。「投稿時間」ではなく「投稿日」を意識してみませんか。いったいどういうことか、6つのパターンを今から順番に説明します。

タレント本の投稿をするときのポイント――パターン①

私はInstagramで、さまざまなジャンルの本を投稿しています。ビジネス書や自己啓発書だけでなく、小説、短編集、エッセイ、ノンフィクションなど、まんべんなく紹介しているのですが、「タレント本」も定期的に投稿しています。でもこれが、けっこう「甘く見られがち」なんですよね。

ビジネス書と比べると、「いいね」の数は少ない傾向があり、「所詮タレント本だろ」「自分で書いていないくせに」という色眼鏡で見られているのかもしれません。

でも、中には「タレント本」と思って侮ってはいけない、とてもよく書けている作品もあります。いいものはいいし、できるだけたくさんの人に知ってもらいたい。そこで考えたのが、そのタレントの「誕生日」に投稿するということです。

#黄色いマンション黒い猫　#小泉今日子　#スイッチパブリッシング　#SWITCHの連載のまとめ本　#自伝的エッセイ　#気持ちが伝わる真っ直ぐな文章　#今日は2月4日　#キョンキョン54歳のお誕生日おめでとう

#Lily日々のカケラ　#石田ゆり子　#文藝春秋　#日々の暮らしを綴ったフォトエッセイ　#103の質問も収録　#今日は10月3日　#ゆり子さん51歳のお誕生日おめでとうございます　#奇跡のアラフィフ

小泉今日子さんの『黄色いマンション黒い猫』は2月4日、石田ゆり子さんの『Lily日々のカケラ』は10月3日、それぞれのバースデー当日に投稿しました（※年齢は投稿当時のもの）。

熱心なファンの人たちは当然、誕生日を把握しているでしょうから、当日は名前をハッシュタグで検索したりもするでしょう。そこに満を持して、ドンピシャの読書記録を投稿する。本を読まないファンの人にとっては有意義な情報になるし、「いいね」が増えると私もうれしい。ちょっと投稿日を考えるだけで、お互いがWin-Winになります。

だから、タレント本を読んだあとは、必ずWikipediaで著者の誕生日を調べるようにしています。「なんだ、昨日だったのか……」とガッカリすることもありますし、あと数日後だと判明すると、「このタイミングで読んだのは運命だったのでは！」と一気にテンションが上がったりします。

というわけで、私の手帳には、リアルな友達や知り合いの誕生日に加えて「Instagram投稿用のタレントの誕生日」も書いてあります。なんだか林家ぺー・パー子さん（＝多くの芸能人の誕生日を覚えていることで有名）みたいですが、ファンの方の役に立つためには労を惜しんではいられません。

「おもしろいタレント本」と「つまらないタレント本」は何が違うのか？

読書記録から少し話が脱線しますが、私は今までに芸能人のエッセイを300冊以上読んできて、おもしろい本とつまらない本の違いがだんだんわかってきました。

読んでつまらないと思うタレント本は、ただの「出来事の羅列」で終わっています。こういう仕事をして、こんなところに行って、こんなものを食べました……。

Instagramをそのまま書籍化しただけ、みたいなイメージですね。これだと、ただのライフログなので、その芸能人の熱心なファンの方は楽しく読めると思いますが、そこまで好きではない人は途中で飽きてしまいます。

これに対して、読んでおもしろいと思うタレント本は、「何をしたか」ではなくて「何を思ったか」が書いてあります。それもかなり赤裸々に。

小泉今日子さんの『黄色いマンション黒い猫』には、アイドル時代を振り返って、「いつも疲れていた。仕事はめまぐるしく忙しいし、大人の世界の中でどうしたらいいのかわからなくて、怖いことだらけで、気持ちはいつも張り詰めていたし、とにかく寝不足でいつも眠くてダルかった」という文章がありました。なんてったってアイドルと言って、カメラの前で笑顔で歌って踊っていたけど、実は大人の世界の中でどうしたらいいのかわからなくて、怖いことだらけだった。小泉さんがその当時に「思っていたこと」が書いてあるから、おもしろいんですね。

石田ゆり子さんの『Lily ―日々のカケラ―』には、「30代は、いろいろ悩みました。あまり表立って話したことはないけど、結婚をして仕事をセーブしていく人生もあるなと深く考えた時期もありました」と書いてありました。こういう文章を読むと、キラキラしているように見える芸能人も、実は私たちと同じようなことで悩んだり、苦しんだりしていることがわかります。

雲の上の存在だと思っていた人のエッセイの中に、「気持ちわかるなぁ」「自分が思っていることと同じだ」と共感できるフレーズを見つけた。読む前よりも、なんだか身近な存在に思えてうれしい。こういう読後感になれる「おもしろいタレント本」を、たくさん読みたいですね。

アスリート本の投稿をするときのポイント――パターン②

最近はアスリートが書いた本も多いですよね。これも「誕生日」にぶつけてもいいのですが、私は「試合当日」の朝に投稿することが多いです。激励を込めて！

#決戦前のランニングノート　#大迫傑　#文藝春秋　#東京五輪男子マラソン日本代表　#本日のレースを持って現役引退を表明　#悔いのないラストランになりますように　#justdoit

#羽生結弦未来をつくる　#羽生結弦　#折山淑美　#集英社　#シニアデビュー後の軌跡を綴ったノンフィクション　#北京オリンピック　#フィギュアスケート男子シングルフリー　#本日13時14分に登場　#4回転アクセル成功しますように

大迫傑選手の『決戦前のランニングノート』は東京五輪男子マラソンのレース当日に、羽生結弦さんの『羽生結弦　未来をつくる』は北京五輪フィギュアスケート男子シングルフリーの当日に、それぞれ投稿しました。

2人がどんな思いでオリンピックに向けて頑張ってきたのかを、多くの人に知ってもらいたいと思ったからです（※大迫傑選手は2022年に現役復帰）。

スポーツは「筋書きのないドラマ」なので、結果に左右される翌日よりも、当日に先にアップしてしまうほうが確実です。それに「昨日こんな試合があったのか」とあとから知るよりも、「今日試合があるんだな」のほうがリマインドにもなっていいでしょう。「投稿日」を意識することで、遠回しに「スポーツの試合の宣伝」もできます。

小説も「試合当日」に投稿⁉

ちなみに「試合当日に投稿する」という方法は、アスリートの本だけでなく、小説でも使うことができます。小説家にも年に数回、大きな試合があるでしょう。そう、芥川賞・直木賞・本屋大賞の選考会ですね。

【例】

・芥川賞&直木賞＝２０２３年６月16日候補作発表　↓　２０２３年７月19日選考会

・本屋大賞＝２０２３年１月20日ノミネート作品発表　↓　２０２３年４月12日大賞発表

いずれも、受賞作が決定する数カ月前にノミネート作品が発表になりますので、その時点で自分なりに目星をつけて、先に読んで準備しておきます。そして、見事に予想が当たった場合、発表直後に「#◯◯賞受賞おめでとう　#絶対に獲ると思ってた」といったハッシュタグをつけて投稿する。これは、かなり注目度が高くなります。

２０２３年の本屋大賞は、凪良ゆうさんの『汝、星のごとく』でしたが、受賞してからしばらくの間、Instagram はこの本の読了投稿であふれていました。決まってから買って読む人はたくさんいます。これでは投稿しても、ワンオブゼムになって埋もれてしまいますよね。

その他大勢から抜け出すためには、試合当日の「結果発表直後」に投稿すること。小説が好きな人は、年に数回の「自分プロジェクト」としてぜひ取り組んでみてください。

映画の原作本の投稿をするときのポイント——パターン③

「読んでいる小説がもうすぐ映画化される」という状況ってありますよね。あるいは「映画化されると知って本を買って読んだ」でもかまいません。とにかく、映画化よりも先に原作を読み終わっている場合、その小説は**映画の「公開初日」に投稿**するようにしています。２０２３年の日本アカデミー賞・最優秀作品賞を受賞した『ある男』。平野啓一郎さんの原作本は、映画の公開初日の朝に〝狙い撃ち〟しました。

#ある男　#平野啓一郎　#文藝春秋　#愛したはずの夫はまったくの別人だった　#人は出自を選べない　#愛にとって過去とは何か　#本日から映画が公開　#妻夫木聡　#安藤サクラ　#窪田正孝

「#本日から映画が公開」というハッシュタグを見た人は、きっと「どんな話なの?」「誰が出るの?」と思うでしょう。そこを先回りして、ネタバレしない範囲で軽くあらすじを書いたり、出演者の名前を入れるようにしました。情報が凝縮された投稿は、読者への貢献度が高くなります。

最近の映画は金曜日に公開されることが多いので、「映画の原作本=金曜日の朝に投稿する」のがベストタイミング。投稿日を意識することで、「映画の宣伝」もできます。

すでに公開が終了した原作本にはこの方法は使えませんが、評判が良かった作品は、のちに「金曜ロードショー」などの地上波で放送されることがあります。その場合、放送当日に投稿することで、微力ながらも視聴率に貢献することができます。

#プラダを着た悪魔　#ローレンワイズバーガー　#早川書房　#一流ファッション誌の編集部で働く女性の成長物語　#悪魔のような上司に振り回されながらも奮闘　#金曜ロードショー　#今夜21時から日本テレビで放送　#メリルストリープ　#アンハサウェイ

「原作本を読む」と「映画を観る」。この両方を体験することで、1つの作品を2倍楽しめるようになります。映画は時間制限がありますから、すべてのシーンを忠実に再現することは不可能です。また、文字と映像で表現の仕方も違います。原作と映画、それぞれの良さを見つけて〝違い〟を楽しみたいですね。

タイトルの「季節」や「時期」に合わせて投稿――パターン④

夏にカラオケに行くと、「今日は夏うたしばりでいこう!」とサマーソングばかりを歌ったりしますよね。サザンオールスターズ「真夏の果実」、ゆず「夏色」など、〝夏〟というキーワードがタイトルに入っている曲を歌うことで、季節感を味わえる。これは四季がある日本に生まれた特権です。ぜひ読書にも取り入れてみましょう。

「季節感」があるタイトルの作品は、その季節に合わせて投稿します。

たとえば、イギリスの女性作家、アリ・スミスさんの「四季4部作」は、秋分の日に『秋』を、冬至の日に『冬』を、春分の日に『春』を、夏至の日に『夏』を投稿しました。それぞれ、タイトルに最もふさわしい日だと思ったからです(※ここでは1作目の『秋』を紹介します)。

#秋　#アリスミス　#新潮クレストブックス　#四季4部作の1作目　#舞台はEU離脱後のイギリス　#かつて隣人同士だった70歳差の男女2人の友情物語　#今日は9月23日　#秋分の日　#読書の秋にぜひ

日本文学では、歌野晶午さんの『葉桜の季節に君を想うということ』を桜が散って、ちょうど葉桜になった頃に投稿しました。

#葉桜の季節に君を想うということ　#歌野晶午　#文藝春秋　#大どんでん返し小説　#見事に騙されてしまった　#人間の先入観って恐ろしい　#葉桜の今の時期にぜひ読んでみてください

ちなみに、『葉桜の季節に君を想うということ』は、ストーリーが最後の最後にひっくり返る「どんでん返し小説」として有名なのですが、私はかなり疑いながら読んだにもかかわらず、見事に騙されてしまいました……。ミステリー好きで未読の方は、ぜひ読んでみてください。

タイトルの「曜日」や「日付」に合わせて投稿——パターン⑤

青山美智子さんの『月曜日の抹茶カフェ』、宇野常寛さんの『水曜日は働かない』のように、タイトルに「曜日」が入っている本は、その曜日に合わせて投稿するようにしています。

#月曜日の抹茶カフェ　#青山美智子　#宝島社　#木曜日にはココアをの続編　#東京と京都を繋ぐ12ヵ月の物語　#田中達也さんの装丁が素敵　#今日は月曜日　#抹茶を飲みましょう

#水曜日は働かない　#宇野常寛　#集英社　#批評誌PLANETS編集長　#毎週水曜日は働かないことに決めた著者の日常を綴ったエッセイ　#今日は水曜日　#私は仕事

同じように、タイトルに「日付」が入っている本は、その日付に合わせて投稿するようにしています。7日に一度、回ってくる「曜日」と違って、こちらは1年間でたった1日しかチャンスがないので、前もって段取りを組んで準備します。

#9月1日母からのバトン　#樹木希林　#内田也哉子　#ポプラ社　#学校に行けない子供たちに送るメッセージ　#今日は9月1日　#学生の自殺が一年で一番多い日　#死なないでどうか生きてください

樹木希林さんと内田也哉子さんの『9月1日 母からのバトン』は、もちろん9月1日に投稿しました。

また、これはタイトルに日付は入っていなかったのですが、セブンイレブンの商品開発の舞台裏を追った、吉岡秀子さんの『セブン-イレブン 金の法則』という本は、7月11日に投稿しました。なぜこの日にしたか、勘の良い方はおわかりでしょう。7月11日が「セブンイレブンの日」だから、ですね。

#セブンイレブン金の法則　#ヒット商品はど真ん中をねらえ　#吉岡秀子　#朝日新聞出版　#関係者の証言をもとに商品開発の舞台裏を綴ったノンフィクション　#今日は7月11日　#セブンイレブンの日

こういう〝ちょっとした遊び心〟は、伝わる人にはちゃんと伝わるものです。

他にも、少しでもフォロワーに楽しんでもらえるように、3月9日（サンキューの日）にタイトルに「ありがとう」が入っている本を投稿したり、6月9日（ロックの日）にロックミュージシャンの本を投稿したりしています。

「記念日」「今日は〇〇の日」に合わせて投稿――パターン⑥

「季節」「時期」「曜日」「日付」ときて、最後にもう1つ。「記念日」から、ふさわしい投稿日を考えることもあります。

私は猫が大好きなので、毎年2月22日、ニャンニャンニャンの「猫の日」は、猫にまつわる本を投稿すると決めています。

#猫語の教科書　#ポールギャリコ　#筑摩書房　#猫が書いた猫のための本　#快適な生活を確保するために人間をどうしつけるか　#今日は2月22日　#ニャンニャンニャン　#猫の日

そして、記念日のこだわりといえばもう1つ、2月14日の「バレンタインデー」には、チョコレートにまつわる本を投稿しました。

#うっとりチョコレート　#河出書房新社　#おいしい文藝シリーズ　#身も心もとろけるチョコレートエッセイ38篇　#読むとチョコレートが食べたくなる　#今日は2月14日　#バレンタインデー

河出書房新社の「おいしい文藝シリーズ」は、食べ物をテーマにしたアンソロジーで、食いしん坊の方にぜひオススメしたいシリーズです。

他にも『ぐつぐつ、お鍋』『ずるずる、ラーメン』などおいしそうなタイトルの作品がたくさん出ているのですが、私がこれから読もうと思って目をつけているのが、『ぷくぷく、お肉』です。これは2月9日（肉の日）か、11月29日（いい肉の日）に投稿しようと思っています。

読み終えた本を投稿するのにピッタリの日を、365日の中から選ぶ。ここまでに挙げた6つのパターンの事例を見ると、どれも「言われてみればなるほど」と思うでしょう。

でも、この「ちょっと考えればわかりそうなこと」を、何もないところから思いつくのがけっこう大変だったりします。たかが読書記録、されど読書記録。突き詰めると奥が深いということがおわかりいただけたでしょうか。

読むときは「一人クリッピング」、読んだあとは「一人マーケティング」

床に食べ物を落としたときに、3秒以内に拾えば食べても大丈夫という「3秒ルール」ってありますよね。何でも落としたものはすぐに拾ったほうがいいと思いますが、読み終わった本は、すぐに投稿する必要はありません。テキストの下書きさえ完了していれば、その後はしばらく寝かせておいてもいいし、順番の入れ替えも自由です。

実際に、私は読んだ本をまったく順番どおりに投稿していないのですが、言わなければ誰も気づきませんし、何の問題もありません。いつ投稿してもいいんだったら、なるべく「その季節」や「その日」に合ったものをぶつけたいところです。

これって、やっていることは「マーケティング」と同じだと思いませんか？

健康雑誌『Tarzan』は、2月ごろ（＝東京マラソンの前）に「ランニング」の特集が、夏前には「体脂肪の落とし方」の特集が組まれていました。それぞれ、世の中の人が「ランニングに対して関心が高まる時期」「薄着になって体型が気になる時期」にふさわしいコンテンツをぶつけてきているんですね。

でも、もしこれが逆だったらどうでしょう。2月の寒い時期に「体脂肪を落とそう」と言われても、「服で隠せるし、別にいいや」と思いませんか？　夏の暑い時期に「ランニングをしましょう」と言われても、外で走る気にはならないですよね。特集の内容自体は悪くないのに、掲載するタイミングを間違えると、人の心には届かないのです。

第2章で、「読書というのは『一人クリッピング』みたいなものだ」とお伝えしました。「自分株式会社」の欲しい情報が含まれるキーワードを頭に入れて、書籍代を払って、自分で収集するような感覚で読む。読書中にすることが「一人クリッピング」なら、読んだあとは「一人マーケティング」に取り組みましょう。

大谷翔平選手は、投手と野手を兼任していますよね。あなたも今日からは「調査部」と「マーケティング部」の兼任になりました。本から集めた情報をより多くの人に届けるために、タイムリーな時期を見定めて投稿する。ぜひ「自分株式会社」でもチャレンジしてみてください。

おわりに

2020年4月8日、私のデビュー作である『情報吸収力を高めるキーワード読書術』が発売になりました。「本を出したい」という長年の夢が叶った記念すべき日でした。

ところが、前日の4月7日に、新型コロナウィルスの「第一次緊急事態宣言」が発令され、本の発売と同時に、全国で多くの書店が休業することになりました。友人からは「買いに行ったけど、書店が開いていなかった」という連絡が相次ぎましたが、未知のウイルスの前では、私はあまりにも無力で、「通常営業だったら確実に何冊かは売れたのに……」と、唇をギュッと噛み締めることしかできませんでした。まさか令和の時代に、こんなことが起こるなんて……。

新刊は〝発売後一週間の初速〟がすごく大事だといわれています。元プロ野球選手の斎藤佑樹さんが、早稲田大学時代に「何か持っている人生なのかなと思う」とコメントしていましたが、発売日がドンピシャで緊急事態宣言と重なるというのは、これ以上ない最悪のタイミングで、「なんて持っていない人生なんだ……」と嘆きたくもなりました。

そして、これは忘れもしない、自粛期間が明けた2020年6月の出来事です。営業を再開した書店にパトロールに出かけたのですが、そこで「平積みになっていた私の本が、台車に載せられて返品される」という衝撃的な光景を目にしました。しかも、その作業をしていた書店員は、本を大切に扱うどころか、ドサッと乱暴に投げ捨てていて、私はその一部始終をすぐ真横で見ていたのです。〝自分の分身〟が殺される現場を目撃した、と言ってもいいでしょう。

もういい大人ですので、その場で取り乱したりすることはなく、平然と書店をあとにしましたが、胸が締め付けられる思いでした。村上春樹さんの本だったら、あんなふうにぞんざいに扱われないはず。すべては私の実力不足が招いたこと。今日のこの悔しい気持ちは、絶対に糧にしなければならない——。

あれから約3年の時が経ち、このたび、思いがけず「加筆修正を加えた新書」という形で再チャレンジの機会をいただきました。原稿執筆中にいつも頭に浮かんでいたのは、あの日の残像。「私の本を台車にドサッと投げ捨てた書店員、あなたが私を奮起させ、モチベーションを与えてくれたおかげで、こうして無事に書き終えることができたの。だから、ありがとう」と伝えたい気分です。

＊

さて、ここまで読んできて、「本の事例がたくさん出てきたな」と思われたかもしれません。この意図について説明させてください。

第3章で「失敗しない本選びの方法」をお伝えしましたが、1つ書き忘れたことがありました。それは、「本の中で紹介されている書籍で、興味を持ったものを読む」

という方法です。
1冊の本からどんどん次の本へとつながっていくのは、きっと何かの縁。私は普段からこの縁を大切にしていて、数え切れないほどの素敵な本と出会ってきました。だから今回はその恩返しとして、〝縁を提供する立場〟になりたかったのです。「本の中で紹介されている書籍＝新たに追加されるキーワード」と言い換えてもいいでしょう。この候補はたくさんあったほうがいいと思い、あえて多くの事例を出しました。

キーワードやテーマを頭に入れて読む、という読書術がまったく響かなかった方も、事例で出てきた本のタイトルで気になったものがあって、それを読んでみたらすごくおもしろかった。もしこうなった場合、本書が〝架け橋〟のような役割を果たすことはできたのかな、と思います。つまり、『失敗しない読書術』を読んだことは失敗ではなかった、と。

本書の中で登場した75冊の本のタイトルを最後にまとめましたので、ぜひ参考にしてみてください。このリストに載っている本を読んだことがきっかけで、人生が動き出すかもしれません。

これからもInstagram（@no_name_booklover）と音声メディアのVoicy（名もなき読書家のホントーク！）で読書の情報を発信していきますので、ぜひチェックしてみてください。あなたの読書がさらに充実したものになることを願って――。

2023年8月

名もなき読書家

《本書で取り上げた全75冊》※著者名五十音順

【あ行】

・青山美智子『月曜日の抹茶カフェ』
・朝井リョウ『何者』
・安壇美緒『ラブカは静かに弓を持つ』
・アリ・スミス『春』『夏』『秋』『冬』（以上、四季4部作）
・アルテイシア『40歳を過ぎたら生きるのがラクになった』
・アレックス・バナヤン『サードドア―精神的資産のふやし方』
・アンソロジー『うっとり、チョコレート』『ぐつぐつ、お鍋』『ずるずる、ラーメン』『ぷくぷく、お肉』（以上、河出書房新社「おいしい文藝シリーズ」）
・池井戸潤『オレたちバブル入行組』『オレたち花のバブル組』『ロスジェネの逆襲』『銀翼のイカロス』『アルルカンと道化師』（以上、半沢直樹シリーズ）

・伊坂幸太郎『アイネクライネナハトムジーク』
・伊坂幸太郎『魔王』
・石田ゆり子『Lily―日々のカケラ―』
・ウォルター・アイザックソン『スティーブ・ジョブズⅡ』
・歌野晶午『葉桜の季節に君を想うということ』
・内田正治『タクシードライバーぐるぐる日記』
・宇野常寛『水曜日は働かない』
・尾石晴『「40歳の壁」をスルッと越える人生戦略』
・大迫傑『決戦前のランニングノート』
・王谷晶『40歳だけど大人になりたい』
・岡田惠和『最後から二番目の恋』
・荻原浩『神様からひと言』
・恩田陸『蜜蜂と遠雷』

【か行】

・ガイ・カワサキ『人を魅了する』
・笠原一郎『ディズニーキャストざわざわ日記』
・加藤俊徳『すごい左利き』
・樹木希林・内田也哉子『9月1日 母からのバトン』
・グレース・ボニー『自分で「始めた」女たち』
・木暮太一『どうすれば、売れるのか？』
・小泉今日子『小泉今日子書評集』
・小泉今日子『黄色いマンション黒い猫』

【さ行】

・坂木司『ショートケーキ。』

・佐藤多佳子『明るい夜に出かけて』
・沢木耕太郎『流星ひとつ』
・ジェニファー・L・スコット『フランス人は10着しか服を持たない』
・島本理生『ナラタージュ』
・スティーブン・R・コヴィー『7つの習慣』
・反田恭平『終止符のない人生』

【た行】
・高嶋哲夫『首都感染』
・デイヴィッド・オグルヴィ『ある広告人の告白』
・ドストエフスキー『カラマーゾフの兄弟』
・トマ・ピケティ『21世紀の資本』
・トルストイ『アンナ・カレーニナ』

【な行】
・長嶺超輝『裁判官の爆笑お言葉集』
・凪良ゆう『汝、星のごとく』
・成毛眞『成毛流「接待」の教科書』

【は行】
・羽生結弦『夢を生きる』
・羽生結弦・折山淑美『羽生結弦 未来をつくる』
・原田ひ香『三千円の使いかた』
・原田ひ香『母親からの小包はなぜこんなにダサいのか』
・東野圭吾『マスカレード・ホテル』『マスカレード・イブ』『マスカレード・ナイト』『マスカレード・ゲーム』（以上、マスカレードシリーズ）

・東野圭吾『素敵な日本人』
・左来人『左利きあるある　右利きないない』
・平野啓一郎『ある男』
・フィル・ナイト『SHOE DOG』
・藤田晋『起業家』
・古内一絵『マカン・マラン　二十三時の夜食カフェ』
・ポール・ギャリコ『猫語の教科書』
・堀江貴文『多動力』

【ま行】
・村上春樹『街とその不確かな壁』
・森沢明夫『大事なことほど小声でささやく』

【や行】

・柚木麻子『BUTTER』

・吉岡秀子『セブン－イレブン　金の法則』

【ら行】

・ローレン・ワイズバーガー『プラダを着た悪魔』

本書は、２０２０年４月に弊社から刊行された『情報吸収力を高めるキーワード読書術』を改題・加筆および再編集したものです。

〈著者プロフィール〉
名もなき読書家
情報クリッピングマスター。京都市生まれ。立命館大学産業社会学部卒業。2005年から現在まで、クリッピング業務（＝新聞・雑誌から必要な記事を見つけて切り抜くこと）に従事。「文章を読むプロ」として17年間、毎日朝から晩まで「アンテナを立てて、情報を漏らさず、大量の活字を読みまくる生活」を送り、クライアントに25万点以上の記事を提供してきた実績を持つ。プライベートでも“無類の本好き”で、これまでに4,800冊を読破。読んできた文字数の合計は、公私を合わせると「35億字」を超えている。これまでの経験・知識・知恵から導き出したノウハウを「キーワード読書術」として完全体系化。

◎ Instagram：「名もなき読書家」（@no_name_booklover）
◎ Voicy：「名もなき読書家のホントーク！」（https://voicy.jp/channel/2972）

失敗しない読書術

2023年9月7日　初版発行

著　者　名もなき読書家
発行者　太田　宏
発行所　フォレスト出版株式会社
〒162-0824 東京都新宿区揚場町2-18　白宝ビル7F
電話　03-5229-5750（営業）
　　　03-5229-5757（編集）
URL　http://www.forestpub.co.jp

印刷・製本　中央精版印刷株式会社

ISBN978-4-86680-815-4　Printed in Japan

失敗しない読書術

読者の方に無料
特別プレゼント

読書記録を投稿するときに使える！
「一人マーケティング」最新事例集
（PDF ファイル）

著者・名もなき読書家さんより

本書第６章では、インスタグラムで読書記録を残す際、本の各ジャンル別で投稿のタイミングについて解説しました。今回、名もなき読書家さんが実際に投稿したタイミングを月別でまとめたものを特別プレゼントとしてご用意しました。ぜひダウンロードして、あなたが SNS で読書記録を投稿する際にお役立てください。

特別プレゼントはこちらから無料ダウンロードできます↓

http://2545.jp/namonaki/

※特別プレゼントは Web 上で公開するものであり、小冊子・DVD などをお送りするものではありません。
※上記無料プレゼントのご提供は予告なく終了となる場合がございます。あらかじめご了承ください。